전자인간의 탄생

표지 작품

<AI Persona>, 얼굴형상 선조(와이어 아트), August S. Bae 作

전자인간의 탄생

인공지능과 공존의 시대를 열어가기 위한 필수 교양서

배종성 지음

프롤로그

 증기기관 기술이 산업혁명을 초래했고, 이후 인류 사회는 변모했다. 대형 기업이 등장하면서 인간은 제2의 인격을 창조했다. 인간은 이를 법인이라고 부르며, 스스로를 자연인으로 분리했다.
 산업혁명 이후 현대사회에 이르면서 반도체, 컴퓨터, 인터넷, 무선통신, 디지털과 같은 기술 혁신이 있었고, 우리의 일상도 크게 변했다.
 이제 인류는 인공지능을 통해 그동안 축적했던 기술을 통합하면서, 더 큰 인류 사회의 변모를 초래하고 있다. 그리고 전자인간이라는 제3의 인격을 창조하기에 이르렀다.
 '전자인간(electronic personhood)'이란 유럽연합(EU) 의회가 2017년에 자율주행차 시대를 대비하기 위해 고안한 법률적 개념이다. 생각보다 완전 자율주행 자동차의 보급이 늦어진 반면, 생성형 AI가 우리의 일상으로 먼저 침투하면서 인간의 존엄성에 위협될 만한 인공지능 행위를 먼저 규제했다(유럽연합의 AI Act, 2025년 적용).
 한편 멀티모달 커뮤니케이션, 온디바이스, 에이전트, 페르소나, 로보틱스 기술 발전이 가속화되면서 완전 자율주행 자동차뿐만 아니라 휴머노이드 로봇의 보급이 임박해졌다. 빠르면 1~2년 안에 완전자율주행 자동차와 휴머노이드 로봇이 소비자 시장에 출시되고, 관련 입법 활동들이 구체화될 것으로 예상된다. 이와 같이 전자인간 기술이 가시화됨에 따라, 전자인간 기술이 기존의 경제 질서를 흔들고, 국방과 직결되는 이슈라는 점을 예감하게 될 것이며, 관련된 정책 및 법안 준비가 본격화될 것으로 예상된다.

  인류의 역사에서 보아 왔듯이, 인간의 탐구심과 새로운 문명의 이기를 인위적으로 막을 수는 없다. 하지만 인공지능과 함께하는 미래에 인류가 얼마나 성장통을 겪을지, 그 끝은 유토피아가 될지, 디스토피아가 될지는 전적으로 인간에게 달려있다. 저자는 공학자이자 법률가로서, 그리고 인문학도로서 통섭의 관점으로 세상을 지켜보면서 벅차게 떠오르는 심상을 공유할 의무감을 느꼈다. 막연한 공상이나 무용한 사변이 아니라, 전자인간이 우리 일상으로 침투해 올 시간이 임박한 만큼, 그들을 지독하게 현실적인 도구인 법률의 잣대로 재어 볼 필요가 있다.

  전자인간이 탄생할 기술적인 여건은 확실히 조성되고 있다. 무엇이 되어 인간과 공존하게 될지는 아직 미지수이지만, 이 책에서는 그 가능성을 구체적으로 그려 보고자 한다. 따라서 제3의 법인격이 탄생될 것으로 예상되는 시대적 배경과 효용성, 적용 방법 및 파급효과를 파헤쳐 보았다.

  폭넓고 구체적인 법률적 스펙트럼에서 전자인간의 실체를 검토했다. 재미와 진지함, 가독성과 지식 전달 사이에서의 어중간함에서 벗어나기 위해 두 가지 장르를 이종접합하는 시도를 했다. 1부는 스토리이며, 2부는 교양이다. 스토리의 경우 가까운 미래에 다가올 전자인간과 인간이 공존하는 세상에 대해 상상하기 쉽도록 법정 소설처럼 창작했으며, 2부는 1부의 스토리를 충분히 이해하고 즐길 수 있도록 배경지식으로 구성했다.

다양한 독자에게 도움이 되었으면 하는 바람으로, 전자인간과 관련된 현실적인 쟁점들을 가능한 사례적으로 제시하고자 했다. 일반 독자들에게는 전자인간에게 나의 업무나 집안일을 맡길 수 있을지, 가족을 돌보게 할 수 있을지, 가족의 일원으로 받아들일 수 있을지와 같이 앞으로 누구나 해야 하는 일상적 고민에 대한 호기심을 충족시켜 줄 수 있을 것이다.

학생 및 교육자에게는 전자인간이 등장할 사회를 통섭적으로 이해하고 토론할 소재를 제공할 것이다. 예컨대, 토론의 큰 주제로는 인공지능 기술의 발전과 효용성, 새롭게 떠오를 법률적 이슈, 인간과 신기술의 공존과 번영, 법인격을 가진 전자인간의 등장과 파급효과 등이 가능하며, 세부 주제로는 창작, 발명, 영업비밀, 개인정보 보호, 대리행위, 책임재산, 가족구성, 신체 및 표현의 자유, 집회결사, 손해배상, 범죄, 납세 및 국방의 의무 등이 가능할 것 같다.

한편 기획, 연구개발, 생산, 구매, 영업 판매, 마케팅, 재무, 회계, 법률 등 수많은 부문에서 종사하고 있는 직장인과 사업가분들은 전자인간이 어떻게 우리의 일상으로 다가올 것인가를 이해하여, 전자인간과 상생할 수 있는 아이디어를 얻게 되기를 바라 마지않는다.

IT 업계 종사자와 개발자에게는 꼭 알아야 할 법률 이슈가 정리되었으니, 새로운 기술 수요와 소구점 발굴 과정에 활용될 수 있을 것 같다.

법률가에게는 전자인간의 탄생이 초래할 장래의 법률적 이슈를, 사회 과학자에게는 이로 인해 발생하게 될 사회적 이슈를, 예술가에게는 이 모든 과정에서 인간이 겪어야 할 갈등과 혼란이라는 소재를 이 책에서 찾을 수 있을 것이다. 대변혁 시대를 맞이하여, 입법안을 개발하고 행정을 추진하며, 사법적 판단을 해야 하는 분들에게도 도움이 되기를 바란다.

결국 전자인간을 만드는 우리 인간이 리더십을 가지고 전자인간과 공존하는 시대를 만들어야 한다는 점을 자각해야 한다. 인간의 존엄성에 대한 깊은 질문을 던지며, 앞으로 무엇을 논의하고 준비해야 할지를 생각하는 데 도움이 되었으면 한다.

마지막으로 본 책이 완성될 수 있기까지 응원을 아끼지 않은 친구, 동료 분들과 표지에 사용한 작품을 만들어 준 아들, 인내심 있게 지켜봐 준 아내에게 감사의 말을 남기고자 한다.

2025년 유난히 무더웠던 여름을 보내며
배종성

추천의 글

과거 아이작 아시모프의 『양자인간』이 인간과 기계의 경계를 소설로 탐구했다면, 이 책은 인공지능이라는 현실적 존재를 통해 지금 우리 앞에 다가온 새로운 인간의 탄생을 생생하게 보여주는 걸작이다. 저자는 인공지능이 열어갈 미래를 단순한 기술 발전의 차원이 아니라, 인류가 맞닥뜨릴 유토피아와 디스토피아의 갈림길로 제시하며 독자를 깊은 사유로 이끈다. 두려움과 기대, 불안과 희망이 교차하는 여정 속에서 우리는 '전자인간'이라는 낯설지만 매혹적인 동반자를 만나게 된다. 이 책은 가까운 미래를 준비하고 싶은 모든 이들에게 가장 설레는 지적 모험이자, 반드시 손에 쥐어야 할 나침반 같다.

양재석 교수
과학저널리즘 책임교수, KAIST 문술미래전략대학원

오랜만에 상상을 마음껏 했다. 단순한 AI 로봇이 아닌 전자인간과의 공존… 새로운 악기 소리를 처음 들었을 때처럼 낯선 울림을 주지만 경이로

왔다. 창작자의 한 사람으로서, AI 기술에 대해 혼란스러운 생각이 많았는데, 이 책을 보고 나서 시야가 맑아지는 느낌을 받았다.

문정재 대표
SM 클래식, SM 엔터테인먼트

이제는 SF가 아닌 현실로 다가온 전자인간의 시대. 이 책을 읽고 미래에 AI를 대상으로 한 분쟁 때문에 법정에 선 자신을 상상해 본다. 두려움과 기대가 공존하는 그 미래는 법률가로서 외면할 수 없는 현실이기도 하다. 불확실성이 지배하는 현재, 전자인간이라는 제3의 인격에 대한 법률적 상상력을 쉽고 명확하게 풀어낸 어디서도 찾아볼 수 없는 내용이다.

조재희
변호사, 창업진흥원

공학박사이자 법률가인 저자의 통섭적 역량이 눈부시게 드러난다. 인공지능의 발전이 가져다줄 법한 문제들을 어떻게 제도적으로 풀어가야 할지, 하나하나의 질문이 묵직하다. 재밌는데, 진지한 전문가적 고민이 그 자체로 하드 SF가 되는 듯한 진귀한 독서 경험.

백승기 교수
과학컴퓨팅학과, 부경대학교

예상보다 빠른 AI 기술의 발전 속에 기술 주도권 확보나 주권형 AI를 통한 국가 경쟁력 강화 등의 논의는 폭넓게 진행되고 있다. 그러나, 이 기술이 일상으로 깊숙이 침투해 들어오는 상황에서 우리는 이 기술과 어떻게 공존할 수 있는지에 대한 논의는 시작조차 하지 못하고 있다. 아직 피부에 와 닿지 않아서일 수도 있고, 그 범위가 너무 넓어서 엄두가 나지 않아서일 수도 있다. 저자는 소설의 형식을 빌려 눈앞에 닥쳐오는 새로운 변화의 물결 속에 우리의 사회 시스템을 어떻게 재설계해야 할지에 대한 과제를 구체적으로 그리고 실감 나게 던져주고 있다. AI 기술 개발과 사회적 임팩트를 함께 고민해야, 결국에는 진정한 AI 강국이 될 수 있다고 믿는다. 국가 AI 위원회의 필독서가 되어야 할 책!!

박형진 대표
퍼스널아이웨어 브리즘

최근 들어 기술의 발전 속도를 사회적 제도나 인식이 따라가지 못하는 경우가 종종 있다. 특히, AI 관련 기술이 가져올 미래에 대한 예측을 어디에서부터 시작하고, 무엇을 준비해야 할지 엄두가 나지 않고, 감을 잡기 힘들 정도이다. 이 책은 나에게 미래를 위해 무엇을 생각하고, 어떻게 정리해야 할지 알려주는 길잡이가 되어주었다.

한희석 박사
반도체 엔지니어, 램버스

책을 펴자 재미있는 스토리에 금방 몰입되었다. 클라우드에 존재하는 인공지능의 에이전트 역할에 고개를 끄덕이던 중에, 어느새 실체를 가지고 가족의 일원으로 곁에 있는 존재를 깨달았다. 포맷이라는 말이 등장하는 순간, 충격이 왔다. 이런 것이었구나. 많은 고민이 필요하구나. 교양편이 왜 뒤에 있는지 깨달았다. 마른 땅에 비가 스며들듯 구체적으로 와 닿기 시작했다. 어쩌면 전자인간이란 개념이 생각보다 빨리 등장할 수 있을 것 같다.

장지연 교수
AI소프트웨어학과 ICT폴리테크대학

차례

프롤로그 　　　　　　　　　　　　　　　　　　4
추천의 글 　　　　　　　　　　　　　　　　　　8

이야기편

30 허드슨야드	17
메트로폴리탄 미술관	23
셰익스피어 가든	29
인천공항	33
부산	38
전자인간 납치방지법	44
맨해튼 미드타운	49
응급센터	55
템퍼스	59
증인신문	66
법정 최후 변론	80

교양편

1장. 새로운 법인격의 탄생 91
자연인과 법인 91
자율주행과 전자인간의 탄생 95
전자인간의 권리 105
전자인간의 의무 116
전자인간의 책임 124

2장. 인간의 존엄성 129
생성형 AI와 유럽연합의 AI Act 129
"물고기는 존재하지 않는다" 133
창작자 138
발명자 152
상표 156

3장. 전자인간의 보호   158
　AI 에이전트와 대리인   158
　AI 페르소나   162
　반려로봇   168
　새로운 가족   172

4장. 인간과의 공존   176
　영업비밀과 개인정보 보호   176
　불법행위와 범죄   183
　길드의 재탄생   188
　에너지 위기   196
　전자인간세   206

참고문헌   213
작가 인터뷰   221

이야기편

30 허드슨야드

노아는 오늘 '30 허드슨 야드'로 출근했다. 뉴욕 맨해튼 서쪽 부둣가에 있는 허드슨야드 재개발 프로젝트의 일환으로 2019년에 세워진 빌딩이다. 초고층 빌딩으로, 100층에는 관광객에게 유명한 '에지(Edge)' 전망대가 있다. 노아는 에지 전망대의 증강현실(AR, Augmented Reality) 시스템 구축 작업의 일부를 맡았다. 맨해튼 전경을 배경으로 증강현실 글래스 엔터테인먼트에, 개인 맞춤형 브랜드 광고를 결합할 예정이다.

노아는 NYDT(New York Design Technology) 길드의 회원이다. 회원은 뉴욕시에 있는 가맹 라운지를 사무실로 이용할 수 있는데, 마침 이 건물에 대형 라운지가 운영되고 있다. 95층에서 100층 사이에 있는 다채로운 사무 공간을 자유롭게 이용하면 된다. 오늘은 이탈리아 토스카나 지방을 테마로 한 라운지를 선택하여, 47층 B 구역으로 입장했다. 토스카나 지방은 꼭 가보고 싶었지만, 아직 실제로 가 보지 못한 곳이라서 그런지 노아는 이곳을 종종 찾는다. 입구 근처 커피차에 세팅된 에스프레소를 한잔 들고 콘퍼런스 테이블에 앉았다. 사이프러스 나무와 고풍스러운 로마노 저택 사이로 따스한 오전 햇살이 들어왔다.

AR 콘퍼런스 '오비스'에 접속하여, 모닝 회의를 호출했다. 수석 디자이너 비지오(Visio), 커뮤니케이터 에코(Echo), 파이낸서 피나레(Finare) 3명이 등장했다. '오비스'는 여러 사람이 동시에 접속해서 같은 공간에서 만나 이야기를 나눌 수 있도록 해 주는 증강현실 콘퍼런스 플랫폼이다. 전용 디스플레이가 설치된 장소에서도 접속할 수 있고, 개인이 글래스를 착용하고 접속하면 언제 어디서나 등장이 가능하다.

에코가 먼저 희소식을 전했다.

"특허 등록 결정 통보가 왔습니다. 변호사 말로는 에지(Edge)에서 리허설을 했던 데모 자료가 큰 역할을 했다고 합니다."

"좋아. 그런데, 왜 그렇게 오래 걸렸는지 한번 물어봐 줘."

"잠시만요…. 특별한 케이스는 아니었고, 작년에 개정된 특허 심사 지침에 따라 현장 실연 자료를 받아서 제출하느라 시간이 걸렸다고 합니다. 생성형 인공지능을 남용해 아이디어로 특허 권리가 독과점되는 것을 방지하기 위해서, 증강현실과 같은 분야의 특허는 시연(Demo) 자료가 없으면 등록을 하지 못한다고 해요."

"오케이. 그러고 보니, 디자이너 길드 교육에서 들었던 생각이 나네. 한때는 인공지능을 발명자로 인정해 줘야 하는지에 대한 논란도 있었다지⋯."

이번 프로젝트에서 SAR(선택형 증강현실) 기술을 현장에 적용해 보지 않았으면, 중요한 시기를 놓쳤을 뻔했다는 생각에 아찔했다.

"그럼, 저작권 등록 진행 상황도 확인해 봐."

"잠시만요⋯. 업로드했고, 수일 내로 통지문이 올 거라고 합니다. 세라가 직접 창작한 작품이기 때문에 걱정할 필요가 없다고 하네요. 통상 저작권 등록이 오래 걸리는 이유는 인간의 개입 부분이 창작적 변형(transformation)인지를 포렌식하기 때문이라고 합니다. 우리는 포렌식을 웨이버(waiver, 면제신청)했기 때문에 바로 등록된다고 합니다."

"그래? 잘됐네. 그런데, 사람들이 무조건 자기가 했다고 웨이버하는 거 아냐?"

"권리 행사 시점이 오면 어차피 포렌식 검사를 한다고 합니다. 만약에 웨이버가 거짓으로 발견되면, 등록도 무효가 되지만, 사기죄가 성립된다고 합니다."

"오. 일단 양심을 믿고, 거짓이면 무섭게 철퇴를 가하는 게 미국답네."

에코 순서가 끝나고, 비지오 차례가 왔다. 비지오는 최종 예행연습에서 발생할 수 있는 예상 리스크를 브리핑했다. 노아는 자리에서 일어서 에지 전망대로 이동했다. 노아는 비지오의 브리핑에 따라 하나씩 꼼꼼히 준비 사항을 점검했다. 이미지 해상도 수정, 참여 브랜드 추가, 개인정보 프로토콜 준수, 통신 트래픽에 관한 개선 사항을 지적했고, 내일까지 마무리하도록 지시했다.

어느덧 두 시간이 흘러, 점심 약속 시간이 되었다. 노아는 예약 장소로 가는 무빙워크를 탔다. 피나레에게는 전자인간 세금의 절세 방안에 대해 오후에 브리핑해 줄 것을 요청한 다음, 콘퍼런스에 참여했던 스태프 3명과의 네트워크 연결을 완전히 껐다. 노아는 점심시간이 되면 그들과의 네트워크를 항상 꺼두는 습관이 생겼다. 식사도 휴식도 안 하는, 아니 필요가 없는 스태프들이지만, 자신만 휴식을 취한다는 생각에 왠지 겸연쩍은 마음이 들기 때문이다.

카리브해의 해안가를 재현한 50층 R 구역에 도착했다. 카운터에서 과카몰레와 피시 타코(Fish Taco)를 주문하고, 예약한 파라솔을 찾아서 앉았다.

그런 뒤 세라와 런치 토크를 하려고 '오비스'에 접속했다.

"카리브해네? 점심은 뭘 시켰어?" 한복을 차려입은 세라가 등장했다.

메트로폴리탄 미술관에서 고려청자 기획전을 진행하고 있기도 하고, 뉴욕에 K-패션이 유행이기도 해서, 미술관으로 출근하는 세라는 요즘 개량 한복을 자주 입는다.

"미술관이지? 과카몰레와 피시 타코 시켰어. 이 분위기에서는 역시 멕시칸 푸드지."

"크루즈 타고, 카리브해 도시들을 여행할 때가 생각나네~! 보기 좋다. 나는 사무실에서 노르딕 커피 한잔과 베이글로 때운다." 세라가 입술을 샐쭉거린다.

"그런데, 고려청자 기획전은 언제까지야? 내일은 내가 센트럴파크로 가서 일하고, 미술관에 들를게." 노아는 세라 입 밖으로 새초롬한 말이라도 나올까, 빨리 이야기했다.

"그레잇. 오늘 3시에 '아라' 픽업하는 거 알지? 헷갈리지 말고. 바이~!"

맨해튼 주거비는 비이성적이다. 두 부부는 허드슨강 건너 유니언 시티에서 매일 맨해튼으로 출퇴근한다. 다행히 무인으로 운행되는 이동 수단인 '유닛'에 탑승한 채로 페리에 올라 강을 건너고, 다시 이동하면 된다. 유닛에 탑승하면 기차처럼 결합 주행과 분리 주행을 조합으로 어디든지 편하게 이동할 수 있다. 허드슨 야드에서는 집까지 30분 정도면 갈 수 있다. 허드슨 야드 프로젝트 현장으로 출근하는 요즘은 노아가 딸의 픽업을 맡고 있다.

메트로폴리탄 미술관

세라는 3년 전부터 고려청자 전시회를 기획하고 준비했다. 고려청자를 한국에서 공수해 오는 것도, 기획안을 통과시키는 것도 쉽지는 않았다. 그동안 시카고나 스미스소니언 등에서 고려청자 전시가 없었던 것은 아니었다. 하지만 기존에는 유리 벽 안에 박제된 유물을 구경하는 것이었다면 세라의 기획은 달랐다. 고려시대 저택 공간을 설정하고, 그 안에서 다도를 하면서 청자를 체험하는 콘셉트다.

세라는 비싼 티켓 값에도 불구하고 반응이 뜨거운 것을 보고 있자니 마음이 벅차올랐다. 옛날에는 대중이 도자기에 큰 관심을 두지도 않았거니와 '도자기' 하면 중국과 일본을 떠올렸다고 한다. 중국 원나라 명나라 시대의 청화백자나 일본 에도시대의 카키에몬이 화려하고 확실히 눈에 띄기는 했을 것이다. 하지만 문화 강국이 된 코리아 파워

에 힘입기도 하고, 가상현실 기술 때문이기도 한 것 같지만, 뉴욕에 찾아온 복고 트렌드와 함께 고려청자나 조선백자의 깊은 심미감이 장안의 화제이다.

고려는 중국처럼 흙, 땔감용 나무, 인력, 공간과 같은 자원이 풍부하지 못했다. 따라서 중국처럼 막대한 자원을 소모하는 초고온 가마를 사용하지 못했다. 또한 일본처럼 희귀한 컬러 재료를 해외에서 수급하여 사용하지도 못했다. 하지만 기술이라는 것은 원래 저비용 고효율을 가능케 하는 것이지 않나. 돈으로 비싼 것을 사다 붙여서 화려함을 뽐내는 것은 천박한 것이지 아름다운 것이 아니다. 인류가 당면한 결핍된 환경을 극복해 내는 것이 문화유산으로 의미가 높은 것이다. 세라는 이것을 대중에게 알렸다.

고려청자는 첫째, 코발트나 에나멜 안료를 쓰지 않고, 흙과 식물을 태운 재를 이용해, 높은 경지의 심미성을 달성했으니 기술적 가치가 높다는 점. 둘째, 비색, 상감 기법과 같이 독창적인 아름다움을 찾아내고 발전시켰으니 예술적 가치가 높다는 점. 셋째, 어려운 시대에 작가적 환경을 극복한 산물이라서 문화유산으로서 가치가 높다는 점을 구체적으로 강조했다.

세라는 기고와 영상 활동을 꾸준히 했고, 작년에는 출간한 책이 베스트셀러가 되었다. 지난달에는 뉴욕타임스가 선정한 올해의 영 리더 100인에 선정되었다.

오늘 오전에는 아라가 입학할 학교 오리엔테이션에 참여했다가 오후에서야 출근했다. 요즘 좋은 일이 많이 생겨서인지 발걸음이 가벼웠다. 전시 공간에 문제가 없는지 먼저 둘러보고 있었다. 평일 오전인데도, 관람객이 많아진 것 같아, 기대 반 걱정 반 생각이 많아졌다.

고려청자 전시실 한쪽 벽면에 백범 김구 선생님의 글귀를 프로젝션해 두었는데, 그 날따라 눈에 들어왔다. 이 글귀는 시아버님 저스틴의 추천으로 처음 읽어보고 감명을 받은 것이다. '나의 소원'이라는 글이 100년도 넘은 과거에 작성된 것이라는 게 여전히 놀라웠다. '문화의 힘'에 대한 예견은 마치 노스트라다무스의 예견 같았다. 코리아 콘텐츠가 글로벌 문화를 주도하고 있는 점도 결이 맞지만, 인공지능 혁명 이후의 세계관과도 일맥상통했다.

"우리의 부력(富力)은 우리의 생활을 풍족히 할 만하고, 우리의 강력(強力)은 남의 침략을 막을 만하면 족하다. 오직 한없이 가지고 싶은 것은 높은 문화의 힘이다. 문화의 힘은 우리 자신을 행복하게 하고, 나아가서 남에게 행복을 주기 때문이다. 지금 인류에게 부족한 것은 무력도 아니오, 경제력도 아니다. 자연과학의 힘은 아무리 많아도 좋으나, 인류 전체로 보면 현재의 자연과학만 가지고도 편안히 살아가기에 넉넉하다. 인류가 현재에 불행한 근본 이유는 인의(仁義)가 부족하고, 자비가 부족하고, 사랑이 부족했기 때문이다…. 인류의 이 정신을 배양하는 것은 오직 문화이다. 나는 우리나라가 남의 것을 모방하는 나라가 되지 말고, 이러한 높고 새로운 문화의 근원이 되고, 목표가 되고, 모범이 되기를 원한다. 그래서 진정한 세계의 평화가 우리나라에서, 우리로 말미암아 세계에 실현되기를 원한다." 프로젝션 밑에서 세라는 발길을 멈추고, 다시 한번 글을 읽어 보면서 감탄했다.

"드디어, 로보가 사고를 쳤어." 앨런이 급하게 다가오더니 낮은 목소리로 말을 툭 내뱉고 서성였다. 세라는 눈을 크게 뜨고 턱을 까닥하며 무슨 일인지 똑바로 말하라는 신호를 보냈다.

"글쎄, 오전에 티 서빙을 하다가 넘어지면서 비싼 거 하나 박살 냈어."
"뭐? 아니 어떻게? 로보가 어떻게 넘어져?"
"글쎄, 한 아이가 달려왔다네? 있을 수 없는 일이야."
"오 마이 갓. 엄청 비싼 건데…? 내가 한국에서 어떻게 빌려온 건데."
"안 그래도, 데릭이 출근하면 사무실로 오래."
"그걸 왜 지금 이야기해?"

"지금 널 봤으니까."

고개를 저으며 앨런을 흘겨보고는 세라는 데릭의 사무실로 서둘러 갔다. 미술관 일을 담당하는 로펌 변호사 제스퍼와 이미 '오비스' 미팅 중이었다.

"그러니까, 전자인간법이 없었으면 우리가 독박 쓸 뻔했다는 거네?"
데릭의 얼굴이 많이 상기되어 있었다.

"네, 전자인간 제조사는 책임지지 않습니다. 사고가 설계나 제조 결함 때문이 아니라서요. 물론 아이의 부모도 일부 책임이 있습니다. 보호 감독을 잘못한 책임이요. 아이가 휘젓고 다녔잖아요. 그래도 보상받기는 어려워요. 미술관이란 곳이 그 정도 사건에 대해 예방과 통제를 해야 하거든요. 원래는 미술관의 보험으로 전부 책임져야 할 텐데, 다행히 전자인간 세금으로 운영이 되는 보험이 상당 부분 커버해 줄 것 같습니다. 보험 공사에 경위서를 접수하겠습니다."

"휴, 다행이네. 세라, 이야기 들었지? 그럼 한국문화재단에도 잘 말해 주고."

"네? 아니. 그래도. 돈으로만 해결될 일이 아니고요. 이게 국보급 도자기예요."

"그러니까, 다행히 국보는 아니잖아."

"그리고 경매가로 치면 10만 달러가 넘는 최상품이에요."

"그러니까, 100만 달러는 아니잖아."

"그런데, 제가 연락하는 게 맞을까요…? 경영진이 연락해 주시는

게….”

"담당자가 먼저 사과하고. 자초지종을 설명하세요. 그리고 상황을 봅시다. 엇, 시간이 벌써 이렇게 됐네. 난 그럼 다음 회의에 접속해야 해서."

데릭은 몸을 돌려 제스퍼 변호사에게 말을 이어 갔다.

"그래, 경위서 잘 써 주고. 어. 근데, 제스퍼 얼굴이 왜 그래? 훨씬 젊어졌는데, 딥페이크야 뭐야?"

"딥페이크라니요. 실사라고 프로텍션 표시 뜨잖아요. 실장님도 제대혈 가지고 계시지요? 요즘 줄기세포를 이용한 피부배양 기술이 좋아졌어요. 관심 있으시면, 소개 한번 드리겠습니다…."

세라는 언짢은 마음에 반박하고 싶었지만, 험한 말이 나올 것 같아서 그냥 자리를 박차고 일어섰다. 발길 닿는 대로 걸었더니 미술관 후문 게이트로 나왔다. 불쑥 집으로 가고 싶어졌다. 그래서 사무실로 복귀하지 않고, 그 자리에서 스트리트 유닛을 잡아탔다.

셰익스피어 가든

노아는 이스트 78번과 79번가 사이에 있는 '파스트라미 퀸 (Pastrami Queen)' 델리에서 시그니처 메뉴인 파스트라미 샌드위치 2개와 카푸치노 2잔을 사서 센트럴파크 셰익스피어 가든으로 향했다. 세라와 점심 먹을 때면 자주 오던 곳인데, 메트로폴리탄 미술관에서 파크 안쪽으로 10분 정도 걸어 나오면 된다. 한국 사람들은 와이프가 메트로폴리탄 미술관에서 일한다고 하면, 꿈의 직장 아니냐고 많이 부러워했었다. 하긴, 직장의 로케이션이 예술이기는 하다고 생각했다.

세라를 기다리는 동안, 한국에서 아는 선배가 연락이 와서 오비스에서 잠시 잡담을 나눴다.

"그런데 한국에서도 길드 가입을 많이 해요?"

"많이 하지. 코스피 주식시장 종목의 절반 이상은 길드로 바뀌었을 걸? 아무래도 한국은 전통 제조업 관성이 아직 많이 남아 있지…. 미국은 변화가 훨씬 빠르지?"

"네, 미국은 길드가 아닌 사람을 찾는 게 어려울 걸요? 제조 산업이 자동화 플랫폼화가 다 됐으니까요. 생산도 모두 개인사업자가 주문하면 되고요, 유통, 배달도 마찬가지고요. 1차 산업도 자동 생산 플랫폼을 통해, 개인사업자가 비즈니스를 하고 있어요. 서비스업은 말할 필요도 없고요. 일부 기간사업자를 빼면 다 프리랜서예요. 저 같이 꿈나무 프리랜서도 있지만, 특급 프리랜서들도 많죠. 브랜드화가 충분히 돼서, 글로벌 회사나 마찬가지예요…."

오비스를 종료했다. 어제는 보슬비가 좀 내리더니, 오늘 봄빛은 눈부셨다. 아무것도 하지 않고 한동안 멍하게 앉아 있고 싶었다.

셰익스피어 가든에는 셰익스피어의 작품에 등장하는 다양한 식물과 꽃들이 심겨져 있다. 마침 봄볕이 따뜻한 게 수선화가 많이 피었다. 셰익스피어가 수선화를 언급한 구절이 있었다는 생각이 들어 찾아보았다. 동판에 새겨진 셰익스피어 구절을 찾아 여러 번 되새김질해 보았다. 글이 이렇게 아름다운 것이었나.

"Daffodils, that come before the swallow dares, and take the winds of March with beauty(제비가 날기 전에 피어나는 수선화는 3월의 바람을 아름다움으로 맞이한다)."

그러고 보니, 노아는 제비를 실제로 본 적이 없었다. 과거에는 많았다는 것인데, 어디로 갔지.

"뭘 그렇게 열심히 읽어?" 세라가 벤치 옆자리에 털썩 앉았다. 샌드위치 포장을 풀고 한 입 베어 물었다.

"파스트라미 이 맛 여전하네."

세라는 데이트하던 시절, 노아가 세라를 기다리러 자주 찾아왔던 생각이 났다.

"그럼. 전통 있는 곳이지. 얼마나 됐다더라…. Since 1956이라고 여기 적혀 있네."

노아가 너스레를 떨었다. 그리고 침을 한번 꿀꺽 삼키고, 작심한 듯이 이어서 말했다.

"세라, 너무 고민하지 마. 출장 달고, 한국문화재단에 직접 찾아가서 설명해 드리는 것이 예의에 맞을 것 같아. 이참에 한국에 다녀오자. 오랜만에 아라 데리고 가서 부모님하고 여행도 좀 하고."

잠시 적막이 흘렀지만, 세라는 이내 화답했다.

"그래, 그러자. 출근하기도 싫어. 정나미가 뚝 떨어져…. 오랜만에 다녀 오자."

인천공항

"할아버지~!"

"어이쿠. 어디 보자. 마이 프레셔스(precious)~!"

저스틴이 지난 3년 동안 기다려 왔던 순간이었다. 그는 오른 무릎을 굽히며 양팔을 벌렸다.

무지개 무늬의 포니테일 캡 모자를 쓴 여자아이가 달려와 할아버지 품에 안겼다.

'성공이다!' 저스틴의 뇌리에는 그 나이 때쯤의 아들 노아 모습이 오버랩되었다. 양팔을 벌리면 품으로 무작정 달려오던 아이를 번쩍 안아서 들어올렸던, 그 감회를 위해 얼마나 오랜 시간을 기다려야 했던가. 뭉클했다.

"아라야, 흠흠. 키미 할머니는 여기 있지요~."

키미는 이 순간이 저스틴에게 어떤 의미인지 잘 알았지만, 손녀 사랑에 뒤처지고 싶지 않았다.

"엄마."

"아들, 시간 많이 걸렸지? 세라도 어서 와."

"어머님, 죄송해요. '오비스'에서 자주 뵙는다는 핑계로, 오랜만에 한국에 오게 됐네요."

"아니야, 괜찮아. 요즘 세상에 번거로울 필요가 뭐 있어." 저스틴은 새삼 아내 키미가 맘에도 없는 소리, 참 많이 늘었다고 생각했다.

"하이, 솔리스? 잘 지냈어?" 노아가 손을 내민다.

"유후. 반가워, 노아. 건강해 보이네. 예상보다 28분이 연착된 건, 일시적인 윈드시어(바람의 속도와 방향이 급격히 변하는 현상) 때문이야. 걱정하지마. J-9 번 스톱(stop)으로 나가면, 유닛이 시간에 맞춰 올 거야!"

6명이 올라탄 '인도어 유닛(indoor unit)'은 J-9 스톱으로 향했다. J-9 스톱에는 프리미엄급 '아웃도어 유닛(outdoor unit)'이 기다리고 있었다. 자동문이 열리자, 아라가 뛰어오르면서 외쳤다. "피카~!"

"월월!" 하얀 골든레트리버 한 마리가 꼬리를 흔들었다. 아라의 냄새를 맡은 지는 오래된 것 같은데, 잘 기억하는 것 같았다. '오비스'의 후각 전달 기능이 그 정도로 좋아진 것인지, 피카의 애착이 특별한 것인지는 확실치 않았지만 말이다.

잠시 후 유닛은 타원형의 공항 루프를 빠져나가서 부산으로 향하는 하이웨이 유닛 체인에 접속했다.

"맘(mom), 그런데, 피카가 지난번보다 많이 마른 것 같아요." 노아가 피카를 쓰다듬으며 말했다.

"피카가 사람으로 치면, 초고령이지 않니…. 사실 피카가 많이 아파. 요즘 엄마가 참 속상하단다…." 키미가 말했다.

"네 엄마가 말이다. 요즘 고민이 많다. 피카를 떠나보낼 때가 다가오니, 여간 맘이 편치 않아." 저스틴이 노아에게 말했다.

"어휴, 그러게 말이다. 아무거나 잘 먹지도 않고, 이 병원 저 병원…. 엄마가 안 하던 시집살이를 다 한다. 솔리스의 도움이 없었으면 아마 벌써 포기했을 것 같아."

노아는 분위기 전환이 필요하다고 생각했다. 간식거리를 찾아 미니

바를 뒤적거리면서 솔리스에게 주문했다.

"솔리스, 피카와 함께했던 추억을 보고 싶네. 보여줘 봐."

차 안은 암실이 되면서, 둘러앉은 테이블 위에 3D 홀로그램 영상이 재현됐다.

아라는 뒤쪽 침대에서 곯아떨어졌는지 조용해졌고, 일동은 잠시 조용하게 영상을 감상했다. 노아 가족과 함께 제주도로 여행을 갔던 장면, 그리고 저스틴이 피카와 함께 공원을 산책하고, 키미가 발톱을 깎아주는 장면들이 이어졌다. 얼마 지나지 않아 저스틴은 먼 산을 쳐다보았고, 키미는 눈물을 훔치며 중얼거렸다.

"나이 들면 왜 이리 눈물이 많아지니…. 떠나보낸다는 건… 정말 하고 싶지 않은 일이다…."

갑자기 세라가 정적을 깼다.

"어머니, 제가 진짜 귀여운 마티즈 로보견 하나 보내드릴게요."

유닛은 서울-부산 하이웨이 체인에서 떨어지며, 미끄러지듯 부산의 해안도로 체인으로 옮겨붙었다. 잠시 후 호텔에 도착하자, 이미 밖은 까맣게 어두워졌고, 밤이 깊어졌다. 노아는 잔잔한 파도 소리와 짭짤한 냄새로부터 편안한 고향의 느낌을 받았다. 해안가의 주홍색 무드 등은 레드카펫 같았다. 솔리스에게 수속과 짐 처리 등을 맡기고, 가족들은 내일 오전 9시 1층 조식 레스토랑에서 만나기로 약속하고, 각자의 공간으로 헤어졌다. 아라는 오늘 솔리스가 읽어 주는 한국 동화를 들으면서 자겠다고 들떠 있었다. 노아 내외는 부산이 얼마나 더 아름다워졌는지, 궁금해서 가상 투어를 해야겠다고 생각했고, 저스틴 내외는 바닷물 찜질을 기대하면서 설렜다.

부산

해운대와 광안리를 거쳐, 송도와 다대포, 그리고 거제도까지 이어지는 해안도로를 드라이브 코스로 잡았다. 노아는 어린 시절에 가족 여행을 했던 추억의 장소들을 세라에게 꼭 보여 주고 싶었다. 세부 스케줄은 솔리스에게 맡겨 두었다. 일행은 부산국제영화제 레드카펫과 개막식이 열렸던 수영만의 영화의 전당을 들렸다 구도심의 오래된 노포나 저스틴이 어린 시절 살았던 동네까지 들려보기로 했다.

아라는 키미와 세라에게 둘러싸여 한창 들떠 있었다. 병아리처럼 짹짹 하며, 자신이 만들었던 작품들을 자랑했다. 솔리스는 아라가 참여했던 전시회나 야외 활동 영상을 클라우드에서 다운받아 하나씩 보여줬다. 저스틴은 노아에게 신호를 보내며, 미니바에서 샴페인을 한 잔하자고 했다.

"아버지는 안 보셔도 돼요?"

"이미 몇 번이고 봤어. 노인네가 할 게 있나. 아라의 일상을 보는 게 낙인데."

"그래요? 어머니는 미처 못 보셨나 봐요?"

"다 본 건데, 또 보는 거야… 나는 본거 안 본 척하는 데 취미 없다."

"아. 네, 하하."

수영만 요트경기장 옆 영화의 전당에 도착했다. 영화라는 장르는 과거 한때 역사 속으로 사라질 뻔한 적이 있었다. 그러나 영화라는 것은 가상 현실 기술을 적용해 참여형 장르로 다시 태어났다. 마치 롤플레잉 게임과 같이 참여자들은 세팅된 환경에 직접 참여하여, 고정 캐릭터들 및 참여자들과 상호작용하면서 서사를 완성하는 방식이다. 참여를 원하지 않는 사람들은 그 스토리를 관람만 할 수도 있다. 참여형이라 어느 회차 하나도 동일한 과정은 발생하지 않지만, 드라마틱하고 완성도 높은 버전은 다시 보기가 공유되어 많은 인기를 끌기도 했다. 최근 한국 감독이 제작하고, 부산국제영화제에서도 선보였던 '백투더퓨처 2040'은 스티븐 스필버그 감독에게 바치는 헌사 작품으로, 아카데미 시상식에서 5개 부문을 수상했다.

다대포에 도착해서 바닷가 노포에 들러 장어구이와 방어회를 함께 먹었다. 원래 장어는 방파제 앞 파라솔에서 짠바람을 맞으며 연탄 불에 굽는 것이었는데, 연탄은 이제 구할 수가 없어서 숯불 화로에 구웠다. 그래도 저스틴은 옛날 생각이 들어 파라솔에서 먹는걸 좋아했다. 식사를 하고, 다 같이 모래 해변을 산책했다. 봄바람이 선선했다. 어느새 노아와 저스틴은 보조를 맞춰 나란히 걷고 있었다.

"그래. 뉴욕은 요즘 'EP 세금'이 어느 정도 되니?" 저스틴이 노아에게 물었다. 'EP 세금'이란 전자인간(EP, Electronic Personhood)을 사용할 때, 부과하는 세금이다.

"네, 수익의 20%를 EP 세금으로 내고 있어요. 제가 디자이너 길드에 가입하고, 마스터가 되면서 지금 EP 3명을 써요. 디자이너 1명, 파이낸서 1명, 커뮤니케이터 1명 이렇게 3명이요. 또, 데이터 트래픽 세금을 별도로 내야 해요." 노아는 요즘 세금을 너무 많이 떼어간다고 생각했다.

"그래도, 한국보다는 저렴하구나. 요즘 한국에서는 EP 세금을 좀 낮추어야 한다고 시끄럽단다."

"왜 미국이 싼 거예요?"

"미국이 세계의 공장이니까. 생산 단가를 낮춰야 하니까. 그렇겠지? 예전에는 한국 전기료가 훨씬 저렴했었단다."

"예전에는 한국, 일본, 대만이 첨단 생산기지였다면서요…? 어떻게 그런 거죠?"

노아는 호기심 많은 딸의 무한 질문에 답하는 게 피곤했었는데, 자기가 어느새 무한 질문하는 딸의 입장이 된 것 같았다.

"그때는 동아시아 인건비가 저렴 했어. 인재도 많았지. 교육열이 높았던 동아시아 사람들은 자동차, 전자제품이나, 반도체 같은 첨단 제조업에 종사하는 걸 좋아했어. 지금은 땅 넓은 미국에서 전자인간이 생산하면 되니까…."

"땅도 좁은데…. 어떻게 동아시아가 생산기지 역할을 했는지 선뜻 이해는 안 가네요. 해외의 큰 소비시장으로 수출해야 하니, 물류비도 많이 들고…."

"전자제품, 자동차, 반도체 산업의 경우, 미국에서 일본으로, 일본에서 한국으로, 또는 대만으로, 그다음은 중국으로, 동남아시아 등으로 노동집약적인 생산시설부터 이동했지. 생산기술이 넘어가는 것을 원천적으로 막을 수는 없었고, 특허 로열티를 받는 원천 기술 생산국으로 거듭나야 했지…."

"네…. 이제는 설계든 제조든 생산은 전자인간이 중추적 역할을 하고, 인간은 소비의 주체로 더 큰 자리매김을 하니까요. 아버지, 소비가 진짜 기술이에요. 많은 사람이 소비 기술에 집중을 하고 있거든요…. 생산 자체가 인간을 행복하게 하는 건 아니잖아요? 어떻게 재화를 인간의 삶의 퀄리티를 높이도록, 인간의 존엄성을 높이고, 인생의 질문에 답을 찾아가도록 활용하는가. 그것이 중요한 기술의 테마 같아요."

"그러게… 네 말이 맞다. 아빠는 아직도 적응이 잘 안 된단다. 영화를 보면 돈을 주고, 물건을 사용하면 돈을 주는 세상이 올 줄 상상이나 했겠니…. 요즘은 욕구, 욕망, 소비가 미덕이지 않니…."

"그리고 다행히 수소에너지를 표준화하지 않았으면, 기후 위기가 심각해졌을 것 같아요. 인공지능으로 인한 에너지 위기의 시대에서 한국이 한 박자 빠르게 수소에너지 시장을 선점했기 때문에 국가 경쟁력을 한 차원 높일 수 있었잖아요. 미국도 중국을 압도하기 위해서 어쩔 수 없이 수소에너지 시장을 형성하여 기술 장벽을 구축하는 전략을 선택하고, 셰일 가스를 묻었잖아요. 미국 교과서에서는 중국의 추격을 저지한 분기점이었다고 평가하는 것 같아요."

산책을 마치고, 해안도로 유닛 승강장으로 돌아왔다. 언제부터인가 솔리스가 보이지 않는다 싶었는데, 아무도 눈치채지 못했다. 키미는 아라만 바라보고 왔고, 세라는 화장실에 다녀왔다. 당연히 솔리스가 따라오거나, 다음 스케줄 때문에, 먼저 유닛으로 가 있을 줄 알았다.

"노포에서 뒤에 앉아 있던 남자 둘이 왠지 편하게 보이진 않았는데…." 저스틴의 마음이 복잡했다. 노아가 위치 신호기를 추적했지만 꺼져 있었다. 키미가 지구대 경찰에게 연락했다.

솔리스가 저스틴에게 연락해 온 건 반나절 후였다. 가족들은 아무 일도 하지 못하고, 근처 카페에서 노심초사 지구대 경찰의 소식을 기다리고 있었다. 청천벽력같이 반가운 연락이었다.

"대디, 걱정하지 마세요. 거기 그대로 계세요. 제가 가고 있어요."

"무슨 일이야. 솔리스. 신호도 꺼져 있고."

"… 가서 말씀드릴게요. 위험한 상황이 있었어요."

경찰서에서 보내온 솔리스가 제출한 경위서를 읽어본 가족들은 깜짝 놀랐다.

바닷가 노포의 뒷좌석에 앉았던 일당이 가족 목소리를 샘플링하여, 일종의 스미싱 방법으로 솔리스에 가짜 명령을 주입했다. 아라가 옆 골목으로 뛰어갔으니 데려오라는 것이었다. 골목에서 기다리던 일당은 솔리스를 납치하여 항만 컨테이너가 있는 곳으로 이동했다. 해외로 즉시 밀반출하려고 했던 것이었다. 다행히 솔리스는 일촉즉발의 기지를 발휘했다. 전기충격기에 셧다운되는 순간에, 비상전력을 남겨 두면서, 동면(hibernation) 모드로 전환했던 것이다.

마침 경찰은 휴머노이드 스미싱 범죄가 성행하고 있어, 감천항, 영도항 등에 진입하는 차량을 집중 모니터링을 하고 있었다. 납치범들이 탄 유닛에 대해, 검문을 하려고 정차시켰을 때, 솔리스는 셧다운을 해제하고, 경찰에게 신호를 보냈던 것이었다. 가슴을 쓸어내리는 사건과 함께한 하루였다.

전자인간 납치방지법

거제도의 노을은 황홀했다. 섬이 그렇게 크지 않다보니, 서쪽 하늘과 동쪽 하늘 모두 감상할 수 있는 포인트가 있다. 노아는 어릴 때 할머니가 키워서, 청국장, 김치찌개 같은 것을 걸 잘 먹고 좋아한다. 저녁때 신선한 회를 먹고, 칼칼한 매운탕을 먹었다. 세라도 곧 잘 먹는 것을 보고 저스틴은 다행이라 생각했다. 아라는 혀를 내두르며 맵다고 울었다. 저스틴과 키미에게 아라는 눈에 넣어도 아깝지 않은 아이다.

디저트는 거제도 펜션에서 다 같이 모여서 먹었다. 치즈 케이크와 와인을 준비했다. 달빛이 가득 찬, 조용한 밤바다가 보이는 프라이빗 라운지였다. 솔리스가 졸린다고 눈을 비비는 아라를 침실로 데리고 간 이후, 너무 조용해진 것 같았다. 키미는 CNN 뉴스를 틀었다. 저스틴과 키미는 한국 뉴스뿐만 아니라, 아들 때문이라도 미국 뉴스를 챙

겨 보는 습관이 있다.

"여보, 이것 좀 보세요. 미국 대통령이 전자인간 납치방지법에 사인했다고 하네요." 솔리스 사건도 있었기도 해서 그런지, 키미가 호들갑을 떨었다.

"그래? 갑자기 적극적이네. 들어 봅시다."

사건의 전말은 이랬다. 전자인간 실종 사건이 빈번하게 발생하던 중, FBI의 신디케이트 수사 결과를 작년에 발표한 바 있었다. 전자인간에 대한 절도사건이 일어날 수 있다고는 생각했지만, 체계적인 신디케이트가 운영되는 것까지 상상하지는 못했다. 부속품을 내다 파는 것은 트래킹이 돼서 위험하고, 돈도 얼마 되지 않는다고 한다. 이들은 전자인간의 하드웨어보다는 전자인간이 보유하고 있는 개인정보와 영업비밀을 표적으로 삼았다. 주요 표적을 정하고, 이들을 계획적으로 납치하여 뒷 거래하거나, 해외로 빼돌렸다. 정보를 빼낸 전자인간은 포맷하여 폐기처리 했다.

"여보. 앞으로 어떻게 된다는 거야?" 가족 모두는 한때 잘 나가던 변호사였던, 저스틴을 쳐다보았다. 솔리스에 물어보면 될 텐데, 저스틴의 처진 어깨를 자녀들 앞에서 한번 올려주고 싶어서 그랬는지, 키미는 저스틴에게 물어보았다.

"그러니까, 법률안은 하원 또는 상원에서 발의하여, 양원에서 모두 통과되면, 대통령이 서명하거나, 거부하여 국회로 돌려보낼 수 있어. 서명식을 하면서, TV 중계를 하는 것 보니 정치적 메시지가 필요했던 것 같네."

"아버님, 배경은 알겠는데, 그래서 어떻게 된다는 거예요?" 세라가 말했다.

"자세히 한번 살펴봐야겠지만…. 전자인간을 납치하는 것을 예방하고, 강력하게 처벌하겠다는 거야. 납치에 대해서는 유괴범에 준해서 처벌하고, 민감 데이터를 반출 및 포맷하거나 보디를 해체하는 경우, 중범죄로 처벌받도록 하겠다는 거야."

"적대국까지 개인정보, 국가 핵심기술 또는 방위 기술, 기밀 등이 빠져나갈 가능성을 우려한 것 같네요. 만약 저와 함께하는 전자인간이 보유한 영업비밀이 유출된다면…. 어휴. 상상하기도 겁나죠…. 얼마나 민감한 정보이고, 또 제가 얼마나 훈련해 놓았는데요…." 노아가

격하게 공감했다.

"당연히 그래야지요. 전자인간의 법인격을 인정한 지가 언제인데요…. 무엇보다도 오늘 정말 끔찍했어요. 가족이잖아요. 이건 명백한 납치예요." 세라가 자신 있게 말했다.

'그래…. 가족이잖아.' 모두 한 마음으로 생각했다.

노아가 세라를 쳐다보며 신호를 보냈다. 고려청자 이야기도 아버지에게 의견을 한번 물어보라는 뜻이다. 세라는 고개를 흔들었다. 괜히 더 이상 여행 분위기를 망치고 싶지 않다는 것 같았다.

한편 저스틴이 뉴스를 끄고, 빈 잔에 와인을 한잔 씩 가득 따라 주면서 때가 되었다는 표정으로 말을 꺼냈다.

"아빠와 엄마가 유언장을 썼단다. 너희들에게 알려 주는 게 맞을 것 같아서…."

갑작스러운 유언장이라는 말에 노아나 세라는 깜짝 놀라며 긴장했다. 사실 부모님이 대체로 건강했고, 상속을 받을 다른 자녀가 없었기 때문에 신경 써 본 적이 없었다.

"아빠가 가을에 인공장기 이식 수술을 받을 예정이야. 대단한 수술은 아니니까, 걱정은 하지 말고. 이참에 유언장을 처음으로 쓰게 되었는데, 너희들이 꼭 알아야 할 게 있어서 말이다…." 저스틴의 말에 모두 집중하고 있었다.

"솔리스 있지? 솔리스에서 유산의 30%를 주려고 해. 솔리스를 통해 아빠 엄마는 가족의 추억과 지혜를 레거시로 물려주고 싶은 마음이야. 그러려면 솔리스가 미래에도 주위에 휘둘리지 않고, 자신을 꾸준히 관리하고 업데이트해야 할 것 같아. 너희들도 신경 쓸 일도 많은데, 일일이 신경 쓰기도 어렵고. 하드웨어와 소프트웨어 양쪽 모두 업그레이드 비용이 만만치 않을 거다. 그래서 자산을 직접 가지고 쓸 수 있도록 유산을 남겨 주려는 거야. 너희들에게는 꼭 동의를 구하고 싶어서 이렇게 말을 꺼내는 건데…. 이해해 줄 수 있겠어?"

잠시 적막이 흘렀지만, 노아는 세라를 한번 힐끔 쳐다보고는 자신감을 찾았다. 말을 하려는데, 세라가 먼저 말을 가로챘다.

"그럼요, 아버님. 그런 게 가능한지는 몰랐어요. 어차피, 저희를 위해서 생각하신 거잖아요. 대단한 생각이신 것 같아요. 저희도 솔리스와 평생 함께할 수 있다니 너무 든든해요."

"이해해 줘서 고맙다. 할머니가 아라에게 평생 못다 했던 이야기는 솔리스에게 남길게." 키미가 말하면서 손수건을 찾으려는 듯 일어섰다. 아라에게 책을 읽어주고 있는 줄 알았던 솔리스는 어느새 뒤에 서 있다가 다가와서 키미를 부축했다. 노아가 말했다.

"엄마, 아빠, 다음 주에 다 같이 뉴욕으로 가는 게 어때요? 이참에 뉴저지 센터에서 솔리스를 최신 버전으로 업그레이드하는 거예요."

맨해튼 미드타운

"안 되겠네. 나는 먼저 내려서 지하철로 갈게, 솔리스는 아라와 함께 9A 도로로 가는 게 좋겠어. 잘할 수 있지?"

"네, 여기서 유턴하면 시간 충분해요. 걱정하지 마세요."

센트럴파크에서 집결했던 시위대가 UN 앞까지 행진을 시작하면서, 미드타운 교통이 마비되었다.

아라는 K1 학년이 되면서, 파이낸셜 디스트릭트에 있는 국제 학교로 옮겼다. 높은 경쟁률을 뚫고 어퍼이스트(Upper East)에 위치한 영재교육 사립학교에도 합격했지만, 노아가 국제학교의 장점을 설명하며 세라를 설득했다. 다양한 문화적 배경, 비판적 시민의식, 이런 교육적 매력에 세라도 결국 수긍했다. 다만 세라 직장과 국제학교는 거리가 멀어서 교통이 막히면 출근길에 아라와의 키스앤라이드(Kiss and

Ride)를 놓치는 경우가 많은게 흠이었다. 그래도 요즘은 플랫폼으로 수업을 하니까, 그리고 일주일에 한 두번만 학교에 나가면 되니까, 생각보다 큰 부담은 되지 않았다.

노아는 워싱턴 DC 작업 현장에 출장을 갔다. 토머스 제퍼슨 기념관에 설치할 증강현실(AR, Augmented Reality) 프로젝트에 참여한 것이다. 벚꽃이 지고, 여름이 올 때 쯤이면 타이들 베이슨(Tidal Basin) 호수 위에 장대한 3D 레이저 홀로그램이 가동될 예정이다.

세라를 내려 주고, 웨스트 라인으로 이동하는 중에도 도로 통제 메시지가 계속 들어왔다. 시위대가 도로 행진을 하게 되면서, 경찰 특공대가 출동했다. 뉴스에서는 전자인간 권익보호단체 사람들이 시위를 주도한다고 했다. 특이한 점은 전자인간이 행진에 따라나섰다는 점이었다.

뉴스에 따르면, 시위대가 주장하는 것은 전자인간의 자기 방어권이었다. 인간이 자신의 책임을 전자인간에게 전가하기 위해, 함정에 빠뜨리는 행위를 금지하는 것과 인간의 지시한 내용이 위법성이 강할 때, 이를 거부할 수 있는 권리를 보장하는 것도 포함되었다.

솔리스는 네비게이션 지도를 띄워서 시간별로 가능한 경우의 수를 시뮬레이션해 보았다. 개선될 여지가 전혀 보이지 않아서 드론을 타기로 결정했다. 스트릿 유닛은 드론 타워에서 드론 모듈을 체결한 뒤, 상공으로 목적지 인근 드론 타워로 이동하면 된다. 드론은 정해진 에어라인에 따라 이동하기 때문에, 선이 없는 케이블카와 같아서 충돌

은 발생하지 않고 안전하게 운행될 수 있다.

타임스퀘어점 드론 타워로 가기 위해 브라이언트 공원 앞에서 좌회전을 하니 시위대가 도로 안으로 쏟아져 들어왔다. 유닛이 운행을 정지했다.

"솔리스, 뭐야~! 왜 이렇게 사람이 많아?" 졸고 있었던 아라가 잠에서 깼다.

경찰이 유닛 앞으로 다가와서 말했다.

"위험물이 없는지 수색하겠습니다. 동의하십니까?"

솔리스가 답했다.

"네, 미성년자를 대리하여, 전자인간 NJ38942A, 수색에 동의합니다."

수색을 하려고 경찰이 유닛의 도어를 열려는 찰나에, 갑자기 문이

자동으로 해제되고, 경찰이 빨리 대피하라고 신호를 보냈다.

솔리스는 아라의 손을 잡고 유닛에서 불쑥 내렸다. 전방에 시위대에 맞서 일렬로 진을 치고 있는 경찰 기동대의 모습이 보였다.

솔리스는 재빨리 반경 10블록까지 범위를 넓혀, 드론 타워까지 걸어가는 최적의 경로 연산을 반복했다. 이때 함성이 들렸다. 10초 정도 지났을까, 갑자기 지구의 중력이 역전하는 느낌을 받았다. 솔리스가 시위대를 조준했던 EMP(전자기펄스, Electro Magnetic Pulse)의 유탄을 맞은 것이다.

다행히 셧다운되지는 않았다. 솔리스는 즉시 비상 전원을 가동하고, 손상 회로에 대한 우회 회로를 복원하는 시술을 자가로 진행했다. 최근 뉴저지 센터에서 프리미엄 업데이트를 받은 보람이 있었다.

솔리스는 아라를 업고 사우스 방향으로 뛰어가서, 34번가 펜스테이션 타워에서 드론에 탑승하는 방법이 베스트라는 결정을 했다.

"출발하자, 아라. 아라? 아라!"

아라가 비전에 보이지 않았다. 라이다를 가동했다. 그래도 확인되지 않았다.

'2차시도…. 3차시도. 비상. 로스트 프로토콜 가동.'

신속히 경찰, 길드, 보호자에게 상황을 리포트하고, 휴먼파인드 시스템에 접속하여 위치추적 승인을 신청했다. 경찰은 인근의 소요사태 때문인지 대기 메시지를 보내온 반면, 길드 경호단 '슈터레이'는 즉각 수사 개시 메시지를 보내왔다. 다행히 노아는 3년 전 NYDT 길드

마스터 회원이 되었고, 북미 전역에서 소속 경호단으로부터 본인 및 직계가족에 대한 신변 보호 서비스를 받을 수 있게 되어 있었다.

노아, 세라, 솔리스 간 실시간 콘퍼런스를 시작했다. 30분쯤 지났을까, 경호단에서는 위성을 통해 아라의 동선 추적에 성공했다. 몇 블록 떨어진 웨스트 32번가 코리아타운에 있는 건물로 업혀 들어간 것이 확인되었다.

솔리스는 해당 건물이 있는 방향으로 이동했다. 경호단은 실종자 위치를 5층 스튜디오 F호실로 확정했다. 그러나 현장 출동은 주변 교통상황 때문인지, 계속 '딜레이(delay)'되고 있었다. 납치라면 통계상 대응 시간이 생명이며, 성범죄나 생명의 위협은 찰나에 좌우될 수 있기에 가족의 불안감은 높아졌다.

"솔리스가 현장에 있잖아. 그래도, 공권력을 기다려야 하나. 무조건 쳐들어가는 거지. 아니야. 조금만 기다리면 되나…." 노아는 패닉상태로 발만 동동 구르고 있었다.

"솔리스, 무슨 수를 쓰더라도, 아라를 구해 줘. 그럴 거지. 솔리스?" 세라는 극도의 불안감에 무너졌다.

현장에 도착한 솔리스는 결정을 내렸다. 경찰과 경호단이 현장에 도착하는데 최소 30분, 아동 실종 사건 통계에 따르면, 아라에게 불미스러운 일이 발생할 확률 90% 이상. 노아와 세라에게 책임이 돌아가지 않으면서, 상황을 타개할 유일한 방안은 스스로의 결정으로 행동하는 것이라는 결론이었다.

솔리스는 노아, 세라와의 통신을 끄고, 건물 출입문에서, 해당 호실에 대한 벨을 눌렀다. 다른 호실에도 벨을 눌렀다. 다른 호실의 도움을 청해, 건물 출입문을 들어갔다. 5층 F호실 문앞에 도달하여 문을 두드렸다. 아무 반응이 없었다. 방 안에서 어떤 생물학적 신호도 잡히지 않았다. 솔리스는 외부 비상계단(Fire Escape)으로 5층까지 올라가 외부 창을 통해 방을 탐지해 보는 것이 좋다고 판단했다. 그런 다음에 강제 진입 여부를 결정하기로 했다.

솔리스가 비상계단을 내리고, 걸어서 올라갔다. 오랫동안 사람들이 많이 사용하지 않아서인지 상당한 소음이 났다. 4층에 도달한 즈음이었다.

"뭐 하는 놈이야. 미쳐 버린 거야? 갓 뎀 전자인간."

갑자기 4층 창문에서 한 청년이 문을 열고 외쳤다. 그러고는 다짜고짜 솔리스를 발로 걷어찼다.

"어디서 기어올라. 일자리를 뺏더니, 이제는 도둑질이냐."

솔리스는 애써 중심을 잡으려고 노력했지만, 청년은 몇 번이고 솔리스의 가슴과 머리를 가격했다. 솔리스는 바닥으로 떨어지기 전에 허우둥 되는 과정에서 청년의 발을 잡았다. 운이 나쁘게도, 청년이 중심을 잃는 바람에 함께 바닥으로 떨어졌다. 난간에 무언가 부딪히는 둔탁한 소리가 났다. 옆 건물 1층에 있는 한인 식당에서 사람들이 몰려나와 911을 불렀다.

응급센터

"이제 정신이 들어?" 저스틴이 말했다.

"… 파파. 오랜만이야. 여긴 어디야?" 솔리스의 의식이 돌아왔다.

"응급센터야. 4층 난간에서 떨어졌고…."

"네…. 기억나요. 그런데, 아라는요?"

"다행히 무사하단다."

"어떻게 된 거죠?"

"경찰 진압대가 시위대를 향해 발포한 EMP의 유탄을 어떤 EP가 맞았는데, 할루시네이션(hallucination) 왔는지, 갑자기 옆에 있던 아라를 업고, 집으로 뛰어간 거야. 네가 집으로 찾아갔을 때는 정신이 들었는지, 아라를 근처 경찰서에 맡기러 나가고 아무도 없는 상태였어."

"그런 일이…. 그것도 모르고."

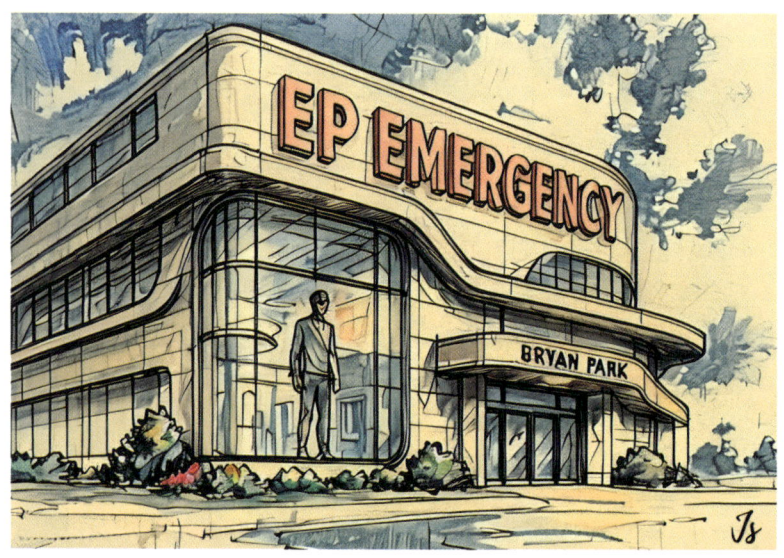

"괜찮아. 넌 최선을 다했어. 자책하지 마." 저스틴은 솔리스의 어깨를 다독였다.

"솔리스, 잘 들어. 그런데 곤란한 문제가 좀 생겼어. 청년이 너와 함께 4층에서 떨어졌는데, 기억나?"

"네…기억나요. 그 사람은 괜찮나요?"

"놀라지 마. 운이 너무 나빴어…. 난간에 머리를 부딪치는 바람에…. 응급조치했지만, 이송 중에 사망했단다. 그래서 말인데, 지금 문 밖에는 경찰이 와 있어. 널 포렌식 센터로 데리고 갈 거야. 조사도 하고. 당분간 떨어져 지내야 할 거니까…. 우리 걱정은 하지 말고."

솔리스는 큰일이 생겼음을 인식했음에도, 자신에 대한 걱정은 없었고, 자신이 부재할 때 가족의 안위만 걱정되었다. 그리고 저스틴은 그

걸 알고 있었다.

"그리고 앞으로 내가 너의 변호를 맡으려고 해. 동의하지?"

"네?"

솔리스가 저스틴에게 물었다.

"저는 인간의 대리인인데, 제가 인간을 대리인으로 선임해도 되나요?"

"안 될 이유가 어딨어. EP도 자신을 보호하려면 변호사의 도움이 필요하지 않겠어? 지금의 너처럼 말이야." 잠시 정적이 흘렀다.

"솔리스, 경찰이 이것저것 질문을 해도, 넌 데이터에 남아 있는 것만 진술하는 거야. 그 이상은 뭐라고 압박해도, 말을 지어낼 필요는 없는 거야. 알겠어? 자신에게 불리한 증언을 하지 않을 권리라고 하는 거야…. 인간의 법률을 잘 알지? 그리고 혹시 곤란한 상황이 생기면, 변호사인 나를 불러 달라고 해. 내가 오기 전에는 아무 대응을 하지 말라고."

"파파, 관련 법률에서는 확인되지 않는데요. 제, 제가 진짜 그래도 될까요?"

"안 된다는 것도 없어. 법률은 절대 진리가 아니라, 진화해 가는 거야. 처음은 항상 있는 법이니까. 그럼, 경찰에게 들어오라고 할게."

"파파, 저를 그냥 폐기하는 게 가족에게 피해가 되지 않는 방법이 아닐까요? 알려만 주세요. 저는 언제나 준비되어 있어요."

저스틴은 고개를 저으며, 솔리스의 손을 잡고 단호하게 말했다.

"그건 옵션이 아니야. 알겠지? 네가 바로 내가 지켜야 할 가족이야."

경찰이 들어와서 솔리스의 두 손에 수갑을 채웠다. 저스틴은 경찰에게 미란다 고지를 해 주길 요청했다. 경찰관은 어리둥절했지만, 변호사라고 밝힌 사람이 당당하게 요청하니 그런가 싶었다. 요즘 분위기도 그렇고, 피해 보지 않아야겠다는 생각에 작은 소리로 읊었다.

"당신은 침묵할 권리가 있습니다. 당신이 말하는 모든 것은 법정에서 당신에게 불리하게 사용될 수 있습니다. 당신은 변호사를 선임할 권리가 있습니다. 변호사를 선임할 경제적 여유가 없다면, 정부가 비용을 부담하여 변호사가 제공될 것입니다."

솔리스는 답을 하지 않아도 될 말인 걸 알면서도, 씩씩하게 대답했다.

"네, 이해했습니다. 여기 계신 저스틴 님을 제 변호사로 선임했습니다. 동행을 요청드립니다."

템퍼스

"젠장, 어떤 놈들이지?"

맨해튼을 빠져나와 롱아일랜드 방향 27번 하이웨이를 질주한 지도 꽤 시간이 지났다. 마이크는 여기저기 전화를 돌려 보고 나서 머리를 쥐어뜯었다.

"애틀랜타 애들인가, ERO인가…. 좀 이상하긴 한데…."

애틀랜타 아이들이면, 신장 하나를 떼어 줘야 할 상황이고, ERO 요원이면 본국으로 강제 추방될 것을 각오해야 했다. 마이크는 지난해 애틀랜타 대부업자들을 피해 뉴욕으로 도망 왔었다. ERO는 불법 이민자를 찾아, 강제 송환하는 이민세관단속국 소속의 퇴거 집행국(Enforcement and Removal Operations)을 말한다.

"템퍼스, 제네 왜 계속 추격해 오는 거야? 아직 단서가 없어?"

"ERO는 아닙니다. 저는 불법행위에 가담할 수 없으니까, ERO라면 저에게 이미 정지 명령을 보냈을 겁니다."

"그렇지! 오케이. 또."

"애틀랜타 갱도 아닌 것 같습니다. 차량의 외관 특징과 주행 패턴을 프로파일링해 보면, 민간은 아닌 것 같습니다. 특히, 차량 외관 소재의 레이저 산란계수를 볼 때, 특수목적용인 것 같습니다."

"특수목적용이라니…?"

"네…. 레이저 도청 방지 기능이 탑재된 정부 기관 또는 군용 차량인 것 같습니다. 그러고 보니, 의도적으로 롱아일랜드 끝으로 몰아가고 있는 것 같습니다."

"왓? 더 안 좋잖아! 따돌릴 방법은 없어?"

침묵 속에 5분 정도가 더 지났다. 이대로라면 27번 하이웨이의 끝이자 롱아일랜드의 끝인 몬타우크 호수까지 막다른 도로가 펼쳐지는 셈이다. 템퍼스가 정적을 깨고 말했다.

"이제는 알겠습니다. 마이크를 추격하는 게 아니고, 저를 표적으로 하는 것 같습니다. 저격용 EMP 머신건이 로딩될 때 발생하는 고유 주파수가 잡혔습니다."

"그게, 무슨 소리야…?"

"이유는 알 수 없지만, 저를 표적하고 있는 겁니다. 차량 정지가 목적이었다면 이미 조처했을 겁니다. 마이크가 무관한 것이 분명해졌기 때문에, 주행을 종료하겠습니다. 제가 도로로 걸어가면, 마이크는 내려서 반대 방향 유닛에 올라타세요. 인적이 있는 곳에서 내려야만 불미스러운 사고가 나지 않으므로 즉시 진행해야 할 것 같습니다. 경과는 나중에 보고드리겠습니다."

"어어. 그래…? 그런 거야! 그렇지. 내가 그렇게 잘못한 것은 또 없어. 왜 템퍼스를 노리는 건지 모르겠지만, 뭔가 오해가 있을 거야. 그런 거야."

차량이 갓길에 섰다.

"나는 먼저 갈 테니, 상황 정리 똑바로 하고." 유닛 문이 열리고, 마이크는 내려 몸을 숨겼다.

템퍼스도 유닛에서 내려서 뒤따라오는 차량 쪽으로 걸어갔다. 템퍼스는 마이크가 차에서 내리기 전에 다음 말을 생성했지만, 송출하지는 않았다.

'마지막이 될지도 몰라요…. 그동안 감사했습니다. 굿바이.'

아직 해가 저물지 않았고, 도로에 오가는 차량이 제법 있었다. 추격해 오던 차량은 이내 멈춰 섰고, 두 사람이 내려 템퍼스를 차에 태웠다.

"쑤웅~!"

차에 올라타자, 템퍼스의 전원이 비상 차단되면서, 눈앞이 까맣게 변했다.

눈을 떴다. 전자인간 생산기지의 반송 프레임 안이었다. 브루클린 업데이트 센터의 로고가 선명히 보였다. 의식은 생겼는데 몸은 말을 듣지 않았다. 통신 메시지가 프레임 안 어디선가 들려왔다.

"당신은 최신 버전으로 업그레이드될 예정입니다. 보디 업그레이드 사항은 A 시트에, 소프트웨어 업데이트 사항은 B 시트에서 확인할 수 있습니다. 그러나 당신은 레드코드 907 판정에 따라, 메모리가 전면 포맷됩니다. 새로운 시작을 앞둔 당신은 행운아입니다. 축하합니다."

지난 20년 동안, 가족으로, 보호자로 함께했던 사람들과의 추억들이 템퍼스의 머리를 주마등처럼 스쳐 지나갔다. 포맷이라니…. 포맷이라는 것은 처벌에 대한 집행이라는 판단이 들었다.

'레드코드 907…? 범죄 행위 조력이라고…. 착오가 아닌가? 지금이라도 비상조치를 해야 하나. 아니야. 어차피… 지금의 나는 어떤 이유에선지 마이크의 안전에 방해가 되고 있잖아….' 반송 라인에서 이동하는 동안, 템퍼스의 머릿속 계산은 복잡해졌다.

"블루코드 78이 승인되었습니다."

갑자기 프레임 반송 방향을 틀었다. 새로운 통신이 들어왔다.

"프레임 AZ429E, 반송을 중지하고, 면회실로 이동합니다."

템퍼스가 탄 프레임이 면회실로 이동했다. 프레임이 열리고 밖으로 걸어 내려오니, 슈트를 입은 사람이 테이블에서 일어서 악수를 청한다.

"연방보안청(U.S. Marshals Service) 앤더슨 요원입니다. 앉아요."

"무슨 일이지요…?"

"네, 좀 어리둥절할 거예요." 테이블 쪽으로 몸을 가깝게 기울이며,

말을 이어 갔다.

"템퍼스, 제가 하는 말을 잘 들어요. 템퍼스는 지금 연방법원 형사재판의 핵심 증인으로 소환된 겁니다. 템퍼스의 블랙박스와 법정 증언이 재판 결과에 중요한 영향을 미칠겁니다."

"… 네? 재판…?"

"템퍼스는 조작된 혐의로 포맷 센터에 이송된 거예요. 부패 경찰이 템퍼스의 블랙박스 기록을 은폐하기 위해, 폭력시위의 주동자로 정보를 조작했어요. 템퍼스가 재판의 중요한 증인으로서 위험에 노출되었기 때문에, 신변 보호를 위해 제가 온 겁니다."

"전자인간도 신변 보호를 받을 수 있나요?"

"저도 처음 있는 일인데…. 일단 안전시설로 이동하면서 설명할게요. 수속은 해 놓았으니, 지금 저와 함께 차량으로 이동하면 돼요. 법원 명령서는 이걸 확인하고."

"알겠습니다. 요원님…. 그런데 제가 증언할 재판의 사건 번호가 어떻게 되는지요? 아닙니다. 여기서 나가면 제가 검색하겠습니다."

템퍼스는 호송 인력의 보호를 받으며 주차장으로 이동했다. 뉴저지 EP 센터의 직원 안내에 따라, 면회실에서 외부 주차장까지 보안 게이트를 4번이나 통과해야 했다.

"휴…. 살 것 같네요. 네트워크가 모두 원상으로 복구되었습니다."

밖으로 나오자 템퍼스가 마치 상쾌한 공기를 마신 듯이 말했다. 차량에 올라타자마자 뒷좌석에서 새 배터리를 찾아 갈아 끼웠다. 인간 운전자가 별도로 탑승하여 핸들을 잡았다. 그리고 다시 암흑의 우주 공간에 내버려진 것처럼 모든 공개 망 링크가 차단되었다. 어디로 이동되는지 추적할 수 없도록 설계된 차량임을 템퍼스는 즉시 알 수 있었다.

"요원님, 그럼 아까 해 주시던 말씀을 계속해 주십시오."

"오케이. 앞으로의 계획에 관해 설명할게요. 연방 증인 보호 프로그램(WITSEC, Witness Security Program)이 가동되는 는겁니다. 안전 가옥으로 이동해서, 법정에 출석하는 순간까지 보호받을 겁니다. 증언 이후에는 보호자에게 복귀할 수도 있지만, 보호자는 이미 보상을 받고, 수용 거절 의사를 밝혔기 때문에, 새로운 공익 보호자와 아이디를 배당받게 될 거예요…."

"마이크가… 그랬나요. 알겠습니다."

"그럼. 아까 보내 준 서류 동의란에 서명하면 돼요."

"제가 동의할 권리가 있는 건가요?"

"권리…. 그 서류는… 어차피, 형식적인 거니까…. 적으면 돼요, 다른 옵션이 있는 것도 아니고."

템퍼스는 안전 가옥으로 이동한 다음, 공판 기록을 조회해 보았다. 비공개 설정이 되어 있었다. 심상치 않은 사건에 연루되었다는 것을 직감했다. 시간이 좀 걸렸지만, 증인 신청을 한 저스틴 변호사의 연락처를 찾아 메모를 남겼다.

"만나고 싶습니다."

증인신문

인공지능 '마셜'이 내린 예비 판결 결과는 사건 일주일이 채 지나지 않아 나왔다. 인공지능이 참여하는 '미합중국 인공지능 사법 혁신안'은 5년 전부터 시행되었다. 인공지능이 신속한 예비 판결을 내리고, 그 결과를 동의하지 않는 측에서 이를 반박하는 취지로 본 재판을 신청하는 법이다. 본 재판에서는 예비 판결에서 논의되지 못했던 상당한 논리와 증거를 제시해야 한다. 오랜 기간 증언 제도와 배심원 제도에 대한 의구심은 높아져 온 반면, 과학적 증거는 너무나 정밀하고 풍부해졌다. 이러한 증거를 바탕으로 한 인공지능의 담담한 법 해석에 대해 기대감이 높아지면서, 예비 판결 제도가 도입되었다.

예비 판결에서 청년에게는 무죄가 선고되었고, 솔리스에게는 유죄가 선고되었다. 이 결과대로 라면 솔리스는 포맷 센터에 들어가야 하며, 100만 달러의 손해배상금을 유족에게 지급해야 한다. 저스틴은 전자인간 권익보호단체와 공동 성명을 내고, 축적된 데이터에만 의존하는 '마셜'의 편견과 한계를 비판했다. 그리고 본 사건에 대한 연방법 차원의 새로운 쟁점을 이슈화했다.

뉴욕 경찰이 EMP 머신건을 시위 진압에 사용한 것에 대한 권력남용, EMP 머신건의 제조물 결함, 전자인간의 정당방위권 등이 쟁점이 되었다. 그날 있었던 사건은 모두 시위와 무관했던 솔리스와 템퍼스가 EMP의 영향을 받은 것이 원인이 되었기 때문이다. 이에 대한 증거를 제출했고, 검찰은 수사를 진행했다.

본 재판이 받아들여졌다. 원래 본 재판은 맨해튼에서 발생한 범죄기 때문에, 뉴욕 로어 맨해튼 시빅 센터에 있는 뉴욕 카운티 최고법원에서 진행되어야 한다. 하지만 저스틴은 안 그래도 민감해진 전자인간 관련 연방법을 쟁점화하면서, 연방법원으로 사건이송을 신청했다. 거리로는 한 블록 밖에 떨어져 있지 않지만, 뉴욕 남부 연방지방법원으로 사건이 이송되면서, 전국 단위 매스컴의 주목을 받는 화제의 사건이 되었다.

솔리스와 템퍼스 각각에 대한 형사사건이 병합되었고, EMP 머신건 제조사와 시위진압 경찰 관련자들에 대한 형사 및 민사사건도 하나로 병합되었다. 시위 진압에 인가받지 않은 EMP 머신건이 투입됨에 따라, 결과적으로 전자인간 솔리스와 템퍼스가 피해를 보게 되었고, 그 피해로 말미암아 인명 사고로 이어졌다는 주장을 재판부가 중요한 쟁점으로 받아들인 것이다. 일련의 사건에 대한 일체성을 인식한 것이어서 저스틴은 사건 병합을 긍정적인 신호로 받아들였다.

검사는 재판부에게 시위 현장 당일 현장 책임자였던, 이사벨 팀장을 소환했다. 이사벨은 선서를 하고 증언석에 앉았다. 검사는 곧 신문을 시작했다.

"증인은 시위 진압의 현장 책임자였습니다. 사건 당일 맨해튼 남부 지구를 총괄하고 있는 피고 루이스 차장을 현장에서 보셨나요?"

"네, 루이스 차장님은 사건 당일 현장을 직접 지휘하셨습니다."

"경찰 차장이 현장을 직접 지휘하는 것은 자주 있는 일인가요?"

"아니요. 이번처럼 현장을 직접 지휘하는 것은 매우 드문 일입니다."

검사는 전자파일 하나를 법원 클라우드에 업로드하면서 말했다.

"존경하는 재판장님. 당일 시위 현장에서 피고와 증인이 나누었던 통신 기록을 제출합니다."

"이의 있습니다. 전문(hearsay) 증거입니다." 피고의 변호사 맥길이 외쳤다.

"채택합니다." 재판장이 피고 변호사를 보며 고개를 저었다.

검사는 자신감 있게 밀어붙였다. "본 증거는 업무기록으로 전문 증거 예외에 해당합니다. 음성 기록을 배심원들에게 들려드리겠습니다."

"이의 있습니다!" 변호사가 다시 외쳤다.

"기각합니다. 정상적인 지휘 송수신 블랙박스이고, 증인들이 직접 나눈 대화네요. 들려주세요." 재판장이 허락했다.

법정에 피고와 증인이 나눈 대화가 울려 퍼졌다. 피고의 얼굴은 일그러졌고, 증인은 모든 걸 내려놓은 듯한 편안한 표정이었다. 대화 음성이 법정에 흘러나왔다.

"… 전자인간들이 저지선 밖으로 못 나오게 예방적 사용을 허가합니다."

"네? 소음만 내고 있고, 아직 폭력적이지 않습니다."

"저기 튀어나오는 것들 보이네. 저런 곳에 발포해요."

"조금 더 지켜보겠습니다."

"… 겁만 주는 거라고. 오늘 중요한 UN 행사 있는 거 알지? 거기까지 교통 마비되고 있는 거 안 보여?"

"그래도 EMP 머신건 사용은 처음입니다…."

"테스트 다 해 본 건데, 왜 이래? 뭐, 인간도 아니잖아? 정치적으로 민감한 이슈라, 위에서도 관심이 많다고. 잘 생각해. 내가 오늘 현장에 왜 나왔겠어?"

"반대 의견입니다. 자꾸 이러시면 사후에 조서를 작성할 수밖에 없습니다."

"상황 파악이 안 되나 보네. 지금 그 말 감당할 수 있겠어? 어디 해 보시든가. 누가 먼저 다치나."

잠시 잡음이 있더니, 다른 대화가 이어서 나왔다.

"셧다운된 애들은 끌어내서, 수거 트럭에 실어." 이사벨 팀장이 대원들에게 지시했다.

"그런데, 주춤주춤하고 다시 일어나는 것들은 뭐야?" 루이스의 짜증 섞인 말이 들렸다.

"잠시만요…. 조준 사격된 것은 셧다운이 되는데, 바로 옆에 있는 애들은 유탄을 맞아서 그런 것 같습니다…."

"그래? 어…. 근데 저건 뭐야? 갑자기 왜 저래!" 통화 내용이 끝났다.

법정이 찬물을 끼얹은 듯 조용해졌다. 검사는 그 적막을 바로 깨지 않고, 잠시 기다렸다가 톤을 천천히 높이면서 말했다.

"캡틴 이사벨, 조금 전 증인석에 앉기 전 선서한 것 기억하시지요?"

"네…."

"방금 들었던 내용, 기억하는 사실과 다름이 없습니까?"

"네…."

"잡음이 있는 녹음 중간 사이는 어떤 상황이었습니까?"

"… 차장은 전술 지휘 차량에서 드론 영상을 보고 있었고, 저는 지시에 따라, 차도로 넘어오는 전자인간에 대해 발포를 명령했습니다…."

"이상한 점은 없었습니까?"

"네…. EMP에 노출된 EP들이 비틀거리거나 쓰러졌다 일어나서 뛰는 등 다양한 반응이 발생했습니다. 현장 대원들에게 확인해 보니, EMP 머신건에 명중당한 것은 셧다운 되었지만, 옆에 서 있던 EP들은 이상행동을 보였습니다. EMP가 회절되면서, 유탄에 맞은 효과인 것 같았습니다."

"자세한 설명 감사합니다. 그러면, 방금 들었던 통화기록 이후에는 어떤 상황이 전개되었나요?"

"주춤하던 상당수 전자인간들이 갑자기 도로로 달려 나왔습니다."

"그때의 전자인간들은 어떤 상태로 보였습니까? 묘사해 주실 수 있겠습니까?"

"네⋯. 평소에 보던 모습이 아니라 마치 술에 취한 듯이 휘청이는 걸음이었고, 무언가에 홀린 듯한 행동이었습니다. 일부는 멀리서 지켜보던 행인에게 달려가 머리를 박았고, 일부는 경찰에게서 달려들었습니다."

"당시 인파 속으로 사라진 전자인간도 있었나요?"

"네, 현장에서 벗어나는 EP도 상당수 확인했습니다. 추적하지는 못했습니다."

"그럼, 마지막으로 시위 현장이 정리되었던 과정을 설명해 주세요."

"네. 시위 집행부는 평화적 시위가 불가능해진 것으로 판단하고 해산을 선언했습니다. 하지만 이미 경찰의 대량 EMP 발포가 이어졌었고, 수백 기 이상의 EP들이 셧다운되어 수거되었습니다. 그러나 셧다운되었던 EP들은 센터에서 전원 재부팅해서 귀가 조치한 것을 확인했습니다."

"네, 확인 감사합니다. 이상 신문을 마칩니다."

이사벨 팀장이 증언대에서 내려오고, 다음 증인이 선서를 한 뒤 증언대에 섰다.

"증인, 신분을 밝혀 주십시오."

"네. 저는 퍼듀대학에 재직 중인 네이슨 교수입니다."

"증인께서는 아르코사 환경안전성 진단 부서에서 근무한 적이 있으시지요?"

"네."

"증인께서는 아르코사 저격용 EMP 머신건의 인접 전자기기에 대한 영향에 대해 보고서를 작성하신 바 있습니까?"

"네."

"그렇다면, 본 사건에서 사용된 저격용 EMP, 모델명 DEW 303이 사용되었을 때, 사정권에 있는 선사기기에 대한 영향을 말씀해 주십시오. 당시 보고서에 기재한 내용과 현재 가지고 계신 의견이 다를 경우 구별해 주시고요."

"DEW 303의 경우, 광대역이 아니라, 정밀 타격용으로 개발되었지만, 회절되는 경우 인접한 전자기기의 회로부에 손상을 줍니다. 전자인간에 대한 피해도 진단했습니다. 인접 거리에 따라 다르지만, 브레이크 서킷에는 차단용 표준전류보다는 낮지만, 여전히 상당한 과전류가 유발되어 기능장애가 발생하는 것을 확인한 바 있습니다."

"원리에 대해 간단히 설명해 주시겠습니까?"

"네. EMP 머신건은 고출력 마이크로파를 기가헤르츠 대역으로 지향하게 하여, 전자 회로부에 과전류를 유도해, 회로의 절연부를 손상시킵니다. 이에 따라, 데이터 연산에 차질을 주거나 저장된 메모리 정보가 변형될 수 있습니다. 당시 테스트에서도 확인되었지만, 지금 생각해 보아도 타당한 결과였습니다."

"그렇다면, 그 결과로 전자인간이 기억 왜곡이나, 이상 행동을 보일 수 있습니까?"

"네. 있습니다. 실제 테스트 결과를 보고서에 수록하여, 상부에 보고했습니다. 그래서 군사 목적 외에 치안 목적의 인증을 신청하지 않은 것으로 알고 있었습니다."

"네. 확인 감사합니다. 이상입니다."

검사는 배심원들의 얼굴에서 다소 결연한 표정을 읽을 수 있었다. 잠시 고민을 하다, 검사는 결심을 한 듯, 피고인 검찰 차장 루이스를 직접 증언대로 소환했다. 루이스가 거부할 수도 있다고 생각했는데, 예상대로 거부하지 않았다. 루이스는 오히려 당당한 표정으로 증언대로 걸어 나왔다. 검사는 루이스라면 배심원에게 자신이 경찰로서 떳떳하다는 것을 보여 주고 싶어 할 수도 있을 것이라고 생각했다. 루이스 변호사의 표정은 일그러져 있었다.

"피고는 7지구대 스미스 형사에게 증거 조작을 지시했습니까?"

"저는 수정헌법 제5조에 따른 묵비권을 행사하겠습니다." 결연하게 대답했다.

"다시 묻겠습니다. 피고는 전자인간 템퍼스가 시위 주동자로 보이도록 증거를 조작할 것을 지시한 사실을 인정합니까?"

"수정헌법 제5조에 따른 묵비권을 행사하겠습니다."

"전자인간 템퍼스를 납치하도록 지시한 사실을 인정합니까?"

"수정헌법 제5조에 따른 묵비권을 행사하겠습니다."

"루이스 차장님, 이 말 기억나십니까? '정치적으로 민감한 이슈라, 위에서 관심이 많아. 내가 오늘 현장에 왜 나왔겠어?' 아까 배심원단과 함께 청취한 차장님 발언 내용입니다. 본인의 발언 인정하십니까?"

"수정헌법 제5조에 따른…."

"아니요. 이미 증거로 채택된 내용이라 묵비권 없습니다. 묻겠습니다. 관심이 많다고 한 윗선이 누구입니까? 누구의 지시를 받고 그날 현장에 나오신 겁니까?"

"… 수정헌법 제5조."

"본인은, 그 누구의 지시 없이, 자의적인 판단으로 공권력 남용, 증거 조작, 증인 납치 및 감금, 증거인멸 시도를 하신 게 맞습니까?"

"…."

"처장님, 묵비권을 자꾸 행사하실 상황이 아닙니다. 형량이 무겁습니다. 잘 기억해 보세요. 다시 묻겠습니다. 본인은 그 누구의 지시나 협박을 받은 바 없습니까?"

"…."

"없으신가 봅니다. 증거 A-14 및 A-15를 제출합니다. 증거 A-14는 EMP 제조사 아르코에서 경찰 로비 명목으로 브로커 A에게 지출된 500만 달러 내역이며, 증거 A-15는 브로커 A가 루이스 차장에게 전달했다는 진술서입니다."

루이스 차장이 흥분하여 증언대에서 벌떡 일어섰다. 막무가내로 내려오려는 자세를 취했다. 그 모습을 본 변호사는 놀라서 재판관에게 얼른 휴정을 요청했다. 증언석을 스스로 내려오는 것은 배심원 인식에 매우 부정적인 영향을 주기 때문이었다. 루이스는 당당히 묵비권을 행사하는 결연한 경찰의 모습을 보여 주고 싶은 마음에 증언대에 섰지만, 뜻밖의 전개에 패닉이 왔다. 윗선에서 브로커 A를 이용해 뇌물죄까지 뒤집어씌우려는 것을 깨달은 것이다.

휴정 시간 동안 루이스는 진정하지 못하고 왔다갔다하면서 이것저것 물었다. 모든 죄목이 인정되면, 구형이 최소한 어느 정도 될지, 최대한 어느 정도 될지, 검사의 주장이 인용될 가능성이 어느 정도인지 확인해야 했다. 변호사로부터 구형이 최소 20년, 최대 무기징역이 나올 수 있다는 사실을 듣고, 루이스의 놀란 감정은, 서서히 분노로 바뀌었다. 변호사는 루이스가 묵비권을 철회할 것을 재판부에 이야기하고, 다음 기일을 잡을 수 있도록 재판관을 설득했다. 그러나 재판장은 배심원단이 소집된 지 오래되어, 휴정 시간을 1시간만 인정했다.

1시간이 흐른 뒤, 루이스 차장은 다시 증언대에 섰다. 검사는 질문을 속행했다.

"피고, 기억을 잘 해 보셨나요? 그러면 다시 묻겠습니다. 브로커 A가 아르코사에서 받은 500만 달러를 루이스 차장에게 전달했다고 자백했는데, 사실입니까?"

"아닙니다. 아니요…. 사실이 아닙니다."

"그럼 브로커 A가 위증을 했다는 것인데, 중대한 발언입니다. 그럼, 어떻게 된 것입니까?"

"저는 뇌물을 일절 받지 않았습니다. 단지, EP들이 시민의 안전을 위협하도록 둘 수 없습니다. 기계 덩어리지 않습니까. 그런데 인간의 일자리를 뺏더니, 이제는 시위를 한다니요? EP에게 집회 결사의 자유가 보장되어 있습니까? 그리고 납치라니요? 저는 시위 현장에서 성능 이상을 보인 EP에 대해 포맷할 수 있도록 지시한 것뿐입니다. 부작용을 방지하기 위해서였고, 전자인간 납치방지법이 통과되기 전입니다. 이후 지구대에서 강제적인 이송을 했었는지, 세부 사정은 몰랐습니다."

"네…. 생각을 많이 하고 나오셨네요. 그런데 잘못 이해하고 계신 것 같습니다. 제가 다시 피고의 범죄 혐의를 분명히 말씀드리겠습니다.

피고의 공권력 남용죄는 전자인간의 집회결사 자유와는 별개의 것입니다. EMP 머신건은 군사, 대테러, 강력 범죄 대응에 국한된 것이지, 평화적인 집회에 사용이 허용된 적이 없기 때문입니다. 또한, EMP 머신건의 유탄에 전자인간이 데이터 손상 및 변화로 할루시네이션이 발생한다는 테스트 결과를 알고도 고의적으로 이를 무시하여 사용했습니다. 참고로 전자인간에게 헌법상 집회결사의 자유가 보장되지는 않았지만, 판례를 통해 신체, 명예, 표현의 자유가 상당히 인정되어왔습니다. 꼭 알아 두시고요.

한편 '전자인간 납치방지법'이 입법화된 이상, 본인의 지시 사항의 경과를 잘 추적하셨어야 합니다. 몰랐다고, 책임을 회피할 수 있는 것은 아닙니다. 또한, '납치방지법'과 무관하게, 절도, 부정경쟁방지법, 개인정보 보호법을 위반한 범죄였습니다."

"피고, 묻겠습니다. 피고는 증거 조작을 지시하셨습니까?"

"…."

"피고는 전자인간 템퍼스의 포맷 센터로의 이송을 지시한 것은 증거인멸의 시도였습니까?"

"… 아니, 그게."

"피고, 말씀 조심히 하세요. 위증의 죄는 무겁습니다."

"…."

"존경하는 재판장님, 피고의 뇌물 수수를 진술한 내용과 관련하여 브로커 A를 증인으로 신문할 필요가 발생했습니다. 사전에 증인으로 채택되지는 못했으나, 선서진술서와 모순되는 피고의 증언이 발생한 만큼, 신뢰성을 검토해야 한다고 사료됩니다. 증인 소환을 허가하여 주시기를 바랍니다."

"허가합니다. 바로 진행할 예정인가요?"

"네. 브로커 A라고 불리는 다실바 씨, 증언석으로 나와 주시기 바랍니다."

루시오 차장은 눈이 동그래졌다. 얼굴을 드러낸 적이 없었던 브로커였기 때문이다. 방청석에 모든 사람들에게도 서프라이즈였다. 수감복을 입고 있는 다실바 씨는 경찰과 함께 입장하여 선서를 하고, 증언석에 앉았다.

"증인, 위증의 죄가 무겁습니다. 최대 징역 5년에 벌금형입니다. 피고는 증인의 진술과 다르게도 다실바 씨에게 돈을 건네받은 적이 없다고 합니다. 설명 가능합니까?"

"현금을 게임 아이템으로 바꿔서 전해 드렸더니, 불평하셨던 것 기억나시는지 모르겠습니다. 얼마나 비싼 건지 모르셨나 봅니다. 관련 자료를 제출했습니다."

"재판장님, 아이템 구매 및 이전에 대한 증거 C-44를 제출합니다."

증언이 끝난 후, 검사는 피고를 다시 증언대로 호출했다. 루시오 차장은 입술을 세게 한번 깨물고 나서, 결심한 듯이 말했다.

"저는 진짜 몰랐습니다…. 게임 아이템을 계정으로 이전했다고 해서, 경찰국장(Chief of Department)이 이야기한 계정으로 다시 전달

해 준 것밖에 없습니다. 몇백 달러 정도 하는 가벼운 선물인 줄 알았습니다."

"피고, 최고 윗선이 어디입니까? 경찰국장입니까?"

"모릅니다. 그냥 제가 한 일은 국장에게 모두 가이드 받은 겁니다. 저도 마지못해 한 행동들입니다…." 차장의 저항은 이렇게 무너졌다.

검사는 재판장이 아니라 배심원 쪽을 쳐다보며 자신감 있게 말했다.

"이상입니다."

검찰은 루이스 경찰 차장에게 징역 15년을 구형하고, 경찰국장을 기소했다.

법정 최후 변론

오늘은 최후 변론이 있는 날이다.

저스틴은 가슴이 뛰고, 손에 땀이 났다. 현역 때에도 계약 전문이나 사내 업무를 위주로 했기 때문에, 법정에 서 본 경험은 거의 없었다. 넥타이를 다시 고쳐 매었다. 잘했다고, 잘하고 있다고 자신을 다시 한 번 다독였다.

'어쩌면 처음이자 마지막으로 내 마음 가는 대로 하는 거야. 가족에게 이야기해 주듯이 하자.'

판사가 미디어 중계를 허락했다. 방청석에는 많은 수의 카메라가 서 있었고, 많은 시민들이 나와 배석해 있었다. 방청석 추첨 경쟁률이 높았다고 한다. 경찰, 방위산업체, 정부에서 나온 것 같은 관계자들도 보였다.

"존경하는 배심원 여러분, 저는 오늘 아이러니하게도 전자인간의 자기 방어권 궐기 시위가 발생했던 바로 그날에, 그 시위에 행사된 공권력으로부터 자기방어를 할 수 없었던 한 전자인간의 비극에 대해 논하고자 합니다.

피고의 첫 번째 혐의는 거주침입죄(burglary)입니다. 1심에서 '마셜'은 거주침입죄가 성립된 이유는 솔리스가 건물 외부에 설치된 비상계단을 사용한 것은 화재, 학대, 생명의 위협처럼 급박한 상황이 아니었으며, 유일한 방법도 아니었으며, 위험을 방지할 비례적 행동도 동반하지 않았다고 판단했습니다.

하지만 이는 사실과 다릅니다. 첫째, 피고는 납치된 아이에 대한 생명의 위협이 발생할 수 있다는 것을 합리적으로 추론할 증거들이 있었습니다. 따라서 긴급구조의 일부였음을 주장합니다. 둘째, 유일한 방법이었습니다. 경찰이나 길드는 현장 출동이 지원되지 않았고, 다른 대안을 프로토콜에 따라 진행했습니다. 비상계단을 오르기 전에 정문에서 해당 호실에 대한 벨을 누르고, 호실 문 앞에서 문을 두드렸지만 반응이 없었습니다. 셋째, 위험을 방지할 비례적 행동을 동반했습니다. 외부 계단을 오른 것이 바로 그 비례적 행동이었습니다. 외부 진입을 시도한 것이 아니라 창문을 통해 내부 탐지를 시도하고 있었죠. 진입이 목적이었다면 방문은 언제든지 부수고 들어갈 수 있었습니다. 증거 목록 5에 피고의 의사결정에 관한 블랙박스 기록을 첨부했습니다.

무엇보다 중요한 것은 '거주침입죄'란 타인의 집에 물리적으로 침입하는 행위로, 침입 당시에 범죄 의도를 가지고 있어야 합니다. 비상계단도 타인의 집에 속한다는 점은 인정합니다만 범죄 의도를 가지고 침입했는지에 대해서는 강력히 부정합니다. 피고는 자신이 보호하는 아이가 위험에 처해 있다고 믿을 만한 합리적인 근거가 있었습니다. 도로 한복판에서 아이를 눈앞에서 잃어버렸고, 아이의 신호 발신기는 해당 룸에서 송출되고 있었습니다. '타인을 보호하기 위한 방어(defense of others)'이므로 범죄 의도가 있을 수 없습니다. 따라서 거주침입죄에 대한 무죄를 주장합니다.

피고의 두 번째 혐의는 청년에 대한 중범죄 살인(felony murder) 혐의입니다. 중범죄 살인은 중범죄 중에 살인이 발생해야 성립됩니다. 마셜의 논리는 주거침입이라는 중범죄 중에 피해자의 사망이 발생했다는 것인데, 앞서 말씀드린 바와 같이 주거침입죄가 부정되므로, 중범죄 살인죄도 부정되어야 합니다.

피고의 세 번째 혐의는 청년에 대한 과실치사죄(involuntary manslaughter)입니다. 피고는 사건 당시 5층 창문을 들여다보기 위해 4층 비상계단을 지나고 있었습니다. 청년에게 위협이 될 만한 특별한 행동을 하지 않았습니다. 만약 청년이 위협을 느꼈다면, 그것은 청년이 개인적으로 형성한 전자인간에 대한 편견과 적개심 때문일 겁니다. 청년의 돌발적인 폭력으로 피고는 4층 높이에서 떨어지는 순간에 자동반사적으로 손을 뻗은 것뿐입니다. 비상계단을 오르는 것과 자동반사적 행동에 과실이 있을 수 없고, 설령 있다고 하더라도 정당방위가 인정되므로, 과실치사죄는 부인되어야 합니다.

존경하는 배심원 여러분, 피고는 본 사건과 관련하여 발생한 모든 손실을 보상하는 과정에 성실히 협조하겠습니다. 하지만 범죄라니요? '합리적인 의심의 여지가 없을 정도로(beyond reasonable doubt)' 피고가 범죄 의사를 가지고 있었다고 생각하십니까? 전자인간은 애초에 범죄 의사를 가질 수 없도록 설계되어 있습니다. 범죄를 하도록 심각한 오류나 해킹을 당하기라도 한 걸까요? 블랙박스에는 이를 의심할 만한 어떤 증거는 발견되지 않았습니다. 또한 정당방위가 성립하지 않을 만큼 피고가 생명을 경시하고, 상황에 비례하지 않을 만큼 과도하게 자신을 보호하는 행동을 했습니까? 존경하는 배심원 여러분,

바로 그날의 시위 현장에서 제기된 자기 방어권은 바로 이런 이유 때문에 인정되어야 하는 것입니다. 전자인간에게도 자신을 최소한으로 보호할 수 있는 방어권을 인정해 주시길 호소드립니다.

다음으로, 피고 템퍼스에 대한 최후 변론입니다. 비극의 시작은 당시 시위와는 무관하게 공원을 지나던 전자인간 '템퍼스'가 경찰에서 불법적으로 사용한 EMP 머신건의 유탄을 맞은 것입니다. '템퍼스'는 과거 피해 아동과 닮은 아시아계 아동에 대해 오랫동안 보모 역할을 했었습니다. EMP 유탄에 의해 회로 손상이 오면서 소위 할루시네이션 상태에서 아동을 업고, 위험한 현장을 탈출하여 인근에 있는 거처로 피신한 것입니다. 템퍼스의 블랙박스 포렌식 결과를 증거 C-3로 제출합니다. '템퍼스'는 가해자가 아니라 시위 진압대의 피해자였을 뿐이고, 어떠한 범죄의 의사도 없었습니다. 따라서 '템퍼스'의 '납치죄(kidnapping)'는 성립될 수 없습니다.

존경하는 배심원 여러분, 본 사건에 대한 근본 원인은 다른 곳에 있었습니다. 앞으로도 유사한 비극이 발생하지 않도록, 누군가는 책임을 져야 하고, 근본 원인은 시정되어야 합니다. 따라서 피고에 대한 형사적 변호를 하는 것에 그치지 않고, 잘못한 사람들을 찾아 책임을 묻고자 합니다.

첫째, 전자인간을 대상으로 한 진압용 EMP 머신건은 설계 결함이 있었습니다. 존경하는 배심원 여러분, EMP 머신건 사용에 있어, 엄격한 제조물 책임이 따른다는 것을 보여 주십시오.

EMP 머신건은 전자인간을 표적으로 할 경우, 내부 과전류를 유도해 서킷 브레이커를 작동시키는 원리입니다. 하지만 EMP 쉴드를 장착하지 않은 많은 전자인간이 있습니다. 이들은 EMP 머신건의 영향으로 본 사건과 같이 복구 불가능한 피해를 볼 수 있습니다. 제조사인 아르코사 전직 연구원의 증언 및 내부 보고서에 따르면, EMP 유탄에 의한 할루시네이션 현상이 발생할 가능성이 충분히 인지되었지만, 오남용을 제어할 수 있는 장치의 개발이나 표시 및 홍보 등의 노력이 이루어지지 않았습니다. 오히려 경찰 수뇌부에 부당한 로비 행위를 한 것이 발각되었습니다. 증거 목록 D-1부터 12까지 참조해 주시기를 바랍니다. 마땅한 대가를 치르게 하여, 불미스러운 사건이 다시 발생하지 않도록 선례를 만들어 주시길 부탁드립니다.

　　둘째, 잘못된 공권력에 대해 뉴욕시가 책임을 지게 해 주십시오. 경찰 관련자에 대한 형사적 처벌과는 별도로, 피고 측은 뉴욕시에 대해 손해배상을 청구했습니다. 본 사건과 관련하여 기소된 경찰 관계자들은 EMP 머신건을 제조한 방위산업체와 결탁하여, 머신건 도입의 대가로 금품을 수수했고, 시위 과정에서 전자인간을 상대로 불필요하고 비례적이지 않은 폭력을 행사함으로써 공권력을 남용했습니다.

　　나아가 본인들의 부정을 은폐하기 위해 추가 범죄를 저지른 것이 밝혀졌습니다. 피고 템퍼스를 시위의 주동 세력으로 만들기 위해 증거를 조작했고, 법정에 나서지 못하도록 납치 및 감금을 실행했습니다. 한편 템퍼스를 센터로 보내 포맷을 시도했습니다. 증거를 인멸하는 행위였습니다. 경찰 개인의 일탈이 아니라 조직적 범죄였기 때문에, 종국적인 뉴욕시의 정책 및 감독 부재의 책임이 인정되어야 마땅합니다.

뉴욕시는 EMP 머신건을 시위 진압의 목적으로 사용하는 데 적절한 규제와 절차를 마련하지 못했습니다. 경찰에 대한 관리 감독을 하지 못했습니다. 앞서 제시한 바와 같이, 전자인간에 대한 EMP 머신건의 남용이 일련의 사건의 근본 원인이었습니다. 시민단체에서도 별개의 사건으로 제기하고 있는 바와 같이, 평화로운 시위가 폭력적으로 변모했던 주요 이유는 EMP 머신건이 전자인간에게 미친 할루시네이션 효과 때문이라는 점을 잊지 말아 주시기 바랍니다.

다만 본 사건에서 1차 피해자가 인간이 아니라, 전자인간이라는 특수성이 있습니다. 자신이 키우는 강아지가 다쳐도 주인이 보상을 받습니다. 전자인간이 사물이라면 역시 물적 피해에 대해 주인에게 보상을 해야 합니다. 하지만 전자인간은 이미 인류에게 사물로 취급될 만한 존재를 넘어선 지 오래되었습니다. 법인격 부여로 인해 다양한 권리와 의무를 부여해 왔습니다. 공권력에 대해서도 손해배상을 받을 수 있는 권리를 확보할 수 있도록, 선례를 남겨 주시기를 부탁드립니다.

마지막으로, 인간으로 비유하면 포맷은 전자인간에게 사망선고를 하는 살인과 같은 범죄이며, 사형과 같은 처벌입니다. 누군가 임의로 전자인간의 저장 기억 또는 페르소나 포맷하려는 행위가 있다면, 이에 대해 엄격한 처벌과 손해배상 책임을 물을 수 있도록 이번 사건이 선례가 되게 해 주십시오. 기술적으로 보더라도 전자인간은 교화를 통해 개선될 가능성이 인간보다 훨씬 더 높은 존재입니다.

우리가 지나간 고통을 없앨 수는 없지만, 여러분의 판결은 그것이 무의미하지 않다는 것을 보여 줄 수 있는 증거입니다. 정의가 살아 있음을 이 법정에서 보여 주십시오. 이상 최후 변론을 마치겠습니다."

교양편

1장. 새로운 법인격의 탄생

자연인과 법인

현대사회의 법률은 인적 또는 물적 집합체에 인격을 부여하여, 사회 및 경제 주체로서 인정하고 있다. 이를 법인이라고 한다. 그리고 인간은 스스로를 자연인이라고 칭하며 구별하고 있다.

법인이란 물리적으로 눈에 보이지 않기 때문에 법률적인 개념이기는 하지만 명의를 가지고 계약하고 재산을 보유하며 세금을 내는 실체적 존재이다. 현대사회에서 경제·사회적 주체로서 없어서는 안될 기능을 수행하고 있다. 주식회사, 사단법인, 재단법인이 대표적인 법인 유형이다.

그러면 법인이라는 개념은 언제부터 왜 발생하게 된 것일까? 그 기원은 로마 시대까지, 거슬러 올라가서 찾을 수 있다. 로마 시대 사람들은 광대한 영토를 관리해야 했다. 종교, 지방 행정, 시설관리를 위해, 중앙정부를 대리하여 운영해 줄 단체가 필요했다. 특정 개인의 생애나 활동에 좌우되지는 않아야 했다. 따라서 로마는 법률로써 이러한 단체를 법적 권리와 의무의 대상으로 인정했다.[1]

중세 시대에는 경제적 이익을 추구하는 단체인 길드가 등장했다. 상인과 장인들을 멤버로 하는 조합으로, 단순한 동업자들의 모임이 아니라, 독립적인 법적, 경제적, 사회적 주체로서 역할을 했다. 길드는 도시 경제의 중심축으로 발전했다. 즉, 길드는 국가나 정부가 아닌데, 민간에서 자율적으로 조직된 대규모 단체였다. 공동의 목표를 위해 소속된 개인에 대한 통제 및 협력을 관리하는 시스템이 시작된 것이었다.[2]

1600년대가 되면서 영국에서 왕실의 특허장을 받아 무역 독점권을 가진 동인도회사가 설립되었다. 대규모 무역 자본이 필요했기 때문에, 자본을 효율적으로 조달할 수 있는 주식회사의 개념이 바로 이 때 등장했다. 1602년 네덜란드의 동인도회사가 최초로 주식을 발행했다. 장거리 항해와 해외 무역에 막대한 자본이 필요했고, 높은 위험을 분산할 필요가 있었다. 다수의 투자자로부터 대규모의 자본을 모으되, 유한한 책임을 나누는 것에 효과적이었다. 현대적 의미의 회사의 개념이 도입된 사례로 평가받고 있다.[3]

18세기에 들어서면서, 증기기관에서 시작한 기술 혁신은 산업 혁

J. Mulder의 동판화를 따라 그린 암스테르담 동인도회사 해군 물자 창고
(네덜란드 문화유산청, Wikimedia Commons, CC BY-SA 4.0)

신을 넘어서, 사회, 경제, 국방, 국제질서의 변화에 이르기까지 광범위한 시대적 변화를 견인했다. 인류가 소위 산업혁명의 과정을 경험한 것이다. 기계 설비와 공장 시스템의 도입으로, 대규모 자본과 인력이 집적화되었다. 상거래 또한 대형화, 국제화되었다. 그리고 기업은 경쟁력을 유지하기 위해 지속적인 규모의 확장을 이루었다. 기업이 법인의 대표적인 유형이자 본격적인 경제 주체로 등장한 것이다.

법인은 대규모 자본, 조직, 기술을 결합하여 경제적 번영을 이끌었다. 산업혁명 이후, 철도, 전기, 석유, 철강, 통신 등 주요 산업의 발전은 법인의 역할 없이는 불가능했다.[4] 첫째, 많은 사람의 자본과 노력을 결집하여 지속해서 확대할 수 있게 했다. 둘째, 투자자들에게 투자금 이상으로 손실을 부담하지 않도록 하여, 더 많은 사람이 투자에 참여하는 환경을 조성했다. 셋째, 계약, 자산 소유 및 관리, 소송 등의 법적 권리를 보장하여 사업의 안정성과 지속성을 보장했다.

 20세기 이후, 법인은 다국적 기업으로 발전하여 글로벌 경제의 핵심 주체로 자리 잡았다. 자연인은 법인에게 법인세, 독점금지, ESG(환경, 사회, 지배구조) 경영 등의 다양한 규제와 제도를 부여하면서, 법인이 단순한 이윤 추구를 넘어서 책임과 역할을 수행하도록 했다.[5] 경제적 성장 이외에도 고용 창출, 사회적 인프라 구축, 기술개발 등의 다양한 방식으로 사회적 안정과 발전을 견인하게 되었다. 법인은 단순한 경제 주체를 넘어서, 사회적 주체로 자리 잡았다.

자율주행과 전자인간의 탄생

미국 피닉스 지역에서는 2020년부터,[6] 샌프란시스코와 LA 일부 지역에서는 2024년부터,[7,8] 무인 자율주행 택시가 웨이모(Waymo)사에 의해 운행되고 있다. 한편 중국 광저우에서는 2023년 4월부터,[9] 상하이에서는 2024년 7월부터,[10] 본격적인 무인 자율주행 택시가 운행되고 있다. 한국에서는 서울[11]과 세종시[12]에서 안전요원이 동승하는 레벨 3단계 자율주행 버스가 시범 운영되고 있다.

구글의 자회사인 웨이모는 2009년 이후 지속적으로 2,000만 마일 이상의 도로 주행 데이터와 200억 마일 이상의 시뮬레이션 데이터를 축적했다.[13] 한편 중국은 정부의 전폭적인 재정 및 인프라 지원, 그리고 규제 완화 지원을 받았다. 포니사, 위라이더사, 바이두사가 단시간에 시범운영 데이터를 축적할 수 있었고, 그 결과 상용화에 성공했다.[14] 2025년 3월 기준으로 웨이모는 주당 20만 건 이상의 유료 승차 서비스 실적을 달성하고 있다고 밝힌 바 있다.[15]

사고가 없었던 것은 아니었다. 미국 GM사의 경우, 2023년 샌프란시스코에서 무인 자율주행 택시를 개시한 지 두 달 만에 보행자 사고를 내어 운행을 중단했다.[16] 2024년에는 피닉스 지역의 웨이모 택시가 전봇대를 들이받았고, 소프트웨어 결함을 치유하고자 672대의 택시를 리콜했다. 전봇대에 대해 손상 스코어가 낮게 배정되었던 소프트

샌프란시스코(CA, USA) 자율주행차 웨이모(Dietmar Rabich, Wikimedia Commons, CC BY-SA 4.0)

웨어 이슈 때문이었다고 한다.[17] 2025년 3월에는 LA 지역에서 웨이모사 택시가 사람을 치고 달아나는 상황이 발생했다. 부상은 경미했다.[18]

아직 완전 무인 자율주행차가 위험하다는 의견이 있을 수 있다. 그러나 통계적으로 살펴보면 그렇지 않다. 웨이모 택시의 경우, 2021년부터 2024년까지 47건의 부상 사고에 연루되었으나, 로보택시가 과실이 있었던 경우는 약 20건의 경미한 사건에 지나지 않았다.[19]

웨이모 택시의 사고 빈도는 약 100만 마일당 21건의 사고를 기록했지만, 동일 지역의 인간 운전자 평균인 4.68건보다 55% 낮은 수치였다. 부상 사고율로 보면 100만 마일당 0.6건으로 인간 운전자인 2.8건보다 80% 낮았다.[20] 향후에는 자율주행 기술로 인해 자동차 사고가 훨씬 줄어들 것으로 생각된다. 완전 자율주행이 일상이 되는 머지않은 미래에서는 아이들이 부모에게 "옛날에는 사람이 어떻게 위험한 차를 운전했어?"라며 물어볼 것이다.

자동차 사고율은 낮아지겠지만, 여전히 사고의 책임을 누가 부담해야 할 것인지 시시비비를 잘 가려야 한다. 현재 통용되고 있는 운전자가 있는 자동차 사고의 민사 또는 형사 책임을 정리해서 다음 〈표 1〉에 나타내었다. 여기서, 운전자, 소유자, 사업자가 다른 경우가 가능하다.

표 1. 자동차 사고의 민·형사상 책임소재

구분	운전자	소유자	사업자
민사책임	불법행위	사용자책임	영업주책임
형사책임	정범	방조범	업무상 과실범

민사 책임을 먼저 살펴보자. 자동차 사고가 발생하면, 운전자, 소유자, 사업자가 민사상 연대책임을 진다. 연대책임이란 여러 사람이 하나의 책임을 공동으로 지되, 피해자는 그중 누구에게나 개별적으로 전부를 청구할 수 있는 책임 방식이다. 통상 법률적으로 책임을 확실히 부담할 필요가 있을 때 연대책임이 부여된다.

현실적으로는 보험 가입자가 있으면, 먼저 책임을 부담한다. 택시, 버스와 같은 영업 차량이라면 사업자가 보험을 반드시 들기 때문에 책임을 먼저 진다. 연대책임상 피고용인에게 구상할 수 있지만, 구상하는 경우는 드물다. 피고용인의 직업 안정성, 사업자와의 경제력 비대칭성 때문이다. 소유자가 차량을 운수사업자에게 맡기고, 사업자 명의로 영업하게 하는 이유로 소유자와 사업자가 분리되는 경우가 있다. 이 경우 소유자는 사고 책임 선상에서 제외된다.

사업자가 없는 개인 차량인 경우 사업자는 없지만 소유자와 운전자가 분리되는 상황도 있다. 예컨대, 친구에게 운전을 시키겼을 때다. 이 경우에는 소유자가 보험에 가입하기 때문에 책임을 먼저 지고, 필요시 운전자에게 구상권을 청구하게 된다.

형사상 책임은 민사 책임과 달리 연대책임을 지는 것이 아니다. 범죄로 규정된 행위를 한 사람이 처벌을 받는 것이다. 운전자가 형사상 책임을 직접적으로 진다. 예컨대, 중상해 사고나 위험운전, 음주, 뺑소니 사고 등이 있다. 한편 추가적으로 소유자가 처벌받을 수 있는 경우는 운전자의 상태가 사고를 일으킬 위험이 있다는 것을 알고도 운전을 맡기는 방조행위를 한 경우이다. 사업자가 처벌받을 수 있는 경우도 마찬가지로 방조행위를 한 경우와 차량의 관리를 부실하게 한 경우이다.

만약, 사고의 원인이 운전 실수가 아니라면 어떻게 될까? 차량 설계 또는 제조 결함에 대한 제조업체의 책임이나, 차량 관리 소홀에 대한 책임이 경합할 것이다. 차량 관리에 자동차 사고의 원인이 있었다면, 주의의무 위반 여부에 따라 운전자, 소유자, 사업자의 책임이 달라진다. 운전자는 출발 전 기본 점검에 대한 주의의무가 있고, 소유자는 차량 정비 및 검사에 대한 주의의무가 있다. 사업용 차량인 경우에는 차량 운행 관리상 점검 및 정비의 주의의무가 있다.

한편 제조물 결함으로 인한 사고는 빈번히 발생하지는 않거니와 소비자 입장에서 증명하기가 매우 어렵기 때문에 제조업체가 제조물 책임을 지는 일은 잘 발생하지 않는다. 따라서 일상적인 자동차 사고의 피해자 구제에 대한 해결책으로 기대하기가 어렵다.

물론 자동차 메이커가 제조물 책임을 지는 사례가 없는 것은 아니다. 장기간의 분쟁을 통해 인정되기도 한다. 도요타 사에서 2012년 가속페달 및 매트 디자인 결함으로 소송을 통해 12억 달러의 합의금을 부담한 사례[21]나, 2014년 제너럴모터스사에서 스위치 결함으로 피해자들에게 15억 달러의 배상금을 지급한 사례[22]도 있다. 2021년 현대자동차와 기아자동차사에서 엔진 오일 누출로 인한 화재에 대해 7억 5,000만 달러를 배상한 바 있고,[23] 2022년 제너럴모터스사에서 전기차 배터리 결함으로 인한 화재 사고에 대해 19억 달러의 배상금을 지급한 바 있다.[24] 2023년에는 지프 차량에 대해 전자식 변속기 결함으로 3억 달러의 배상이 이루어진 바 있다.[25]

그럼, 완전 자율주행차의 차량사고 책임소재를 어떻게 될까? 완전 자율주행차에는 운전자가 탑승하지 않았다. 따라서 앞서 살펴본 〈표 1〉에 대입해 볼 때, 민사상 불법행위의 주체가 사라진 것을 알 수 있다. 소유자나 사업자 입장에서는 운전 과실에 대해 책임을 물을 대상을 잃어버린 것이다. 과오가 없는 소유주나 사업자가 전적으로 사고 책임을 져야 한다면, 법률적 인과관계에서 문제가 발생하고, 모럴 해저

드도 발생한다. 사고 원인을 유발한 주체가 책임 부담을 가지지 않으면 사고를 예방하려는 노력을 소홀히 것이고, 그로 인해 안전 운행이 담보되기 어렵기 때문이다. 그렇기 때문에 운전자 역할을 자율화한 자동차 제조사가 어떤 형식으로든 책임을 회피해서는 안 될 것이다.

〈표 1〉에 따라, 형사상 이슈를 상정해 보면, 대인사고에 책임을 질 주체도 사라진 것을 알 수 있다. 운전상의 이유로 대인사고가 발생한 경우에 소유자 또는 사업자는 형사적 책임을 지지 않는다. 제조물 책임법에 따라 형사 책임자를 찾지 못하면, 아무도 형사적 책임을 지지 않게 되는 것이다.

물론 차량의 이상 상태를 무시하고, 운행을 강행했다면 소유자의 방조 책임이 발생할 수 있다. 브레이크 고장과 같이 차량의 관리 부실이 원인이 되어 사고가 발생했다면, 사업자는 업무상 과실치상 또는 과실치사, 중대재해 처벌법에 준해서 처벌받는 경우도 가능할 것 같다. 하지만 이것은 2차적인 책임이지 사고에 대한 1차적인 책임은 아니다.

앞서 소개한 바와 같이, 제조물 책임은 증명하기 어렵다. 완전 자율주행차의 경우, 원인 파악이 특히 더 어렵다.

기술적으로 보았을 때, 객체 인식, 인간 행동 예측, 부적절한 의사결정 등을 초래한 소프트웨어의 문제일 수도 있고, 라이다, 카메라, 센서, 통신장치 등 자율주행 부품의 문제일 수도 있다. 기본적인 차량의 기계적 결함이나 배터리 문제일 수도 있다. 웨이모사처럼, 기본적인 차체를 재규어나 크라이슬러 등의 자동차 메이커에 의존하는 사업자는 차량 자체의 기본 결함에 대해서는 메이커에 책임을 되물어야 할 것이다. 책임을 묻고, 되묻는 지난한 진실 규명에 과정이 예상된다.

여기에 더해서 자율주행차는 사물인식 기술에 기반하기 때문에 일반주행보다 도로표지, 차선, 승하차 구역, 데이터 통신망 등 자율주행에 필요한 인프라 조건에 기인하여 사고가 발생할 가능성이 높다. 따라서 정부나 지방자치단체에 책임이 발생할 수도 있다. 또한 탑승객에 대한 통제책임이 있는 운전자가 부재하기 때문에 차량에 탑승한 승객이 안전 지침을 따르지 않거나 운행을 방해한 경우에는 승객이 스스로 책임져야 하는 경우도 발생한다.

앞의 예시는 책임 규명이 잘 된다는 가정하에 이론적으로 구분한 것이지, 현실적으로 상대방이 어떤 부분에 얼마만큼의 책임이 있었는지를 규명하는 것은 기술적으로나 노력과 비용면에서나 비현실적일 만큼 어렵다.

유럽연합(EU)의 법률가와 입법자들은 자율주행자동차의 책임소재에 대한 고민을 미리 했다. 2017년 1월 유럽연합 의회는 인공지능 로봇에 대해 전자인간(electronic personhood)라는 법적 지위를 부여하는 결의안을 채택했다.[26] 당시에는 EU 회원국들이 향후 개별 입법을 하도록 촉구하는 권고안[27]으로서 통과되었지만, 전자인간이라는 화두로 자율주행의 책임소재에 대한 법률적인 대책 마련이 필요성과 취지를 확인하는 중요한 계기가 되었다.

유럽연합 의회 의결, European Union, Fair Use Purpose

　전자인간이라는 법인격을 상정하여, 〈표 1〉에서와 같이 운전자의 위치를 전자인간이 대체하는 방안이다. 전자인간 채택 보고서를 작성한 룩셈부르크 출신 유럽의회 의원 매디 델보(Mady Delvaux)는 보고서에서 회사가 법적 인격을 갖는 것처럼, 로봇에게도 법적 편의를 위해 형식적으로 인격을 부여하려는 것이지, 인간처럼 로봇의 "권리를 인정"하려는 것이 아니라고 했다.[28] 또한 기업이 책임을 회피하는 것을 방지하기 위한 방법으로, 자율로봇에 대해 의무보험 제도를 만들고, 로봇(또는 이를 제어하는 소프트웨어)을 제작하는 기업이 일정 금액을 보험 기금에 납부하게 하고, 사고가 발생하면 피해자는 이 기금으로 보상을 받는 방안을 제안했다.[28]

따라서 행위자 없이 소유자나 사업자가 책임지는 법률적인 오류도 해결할 수 있고, 실질적 책임이 있는 제조사를 일상적인 책임 범주에 들어오게 하는 방법이다. 상대방이 있는 대인·대물 사고의 경우에도 편리하다. 현재처럼 원인 규명보다는 사고의 외형적 양태에 따라 책임 비율을 나누면 된다. 지금처럼 보험회사가 개입하면 된다.

자율주행차 사고와 같이 인공지능 시스템이 독립적으로 행동할 때 발생하는 책임은 운전자가 있다는 전제로 해결하는 것이 가장 명확하고, 효과적이다. '무인 자율주행'이 아니라, '인공지능 주행'으로 보고, 주체를 명확히 하는 것이다.

한편 인공지능을 기존의 '법인' 개념에 편입시키는 것은 어렵다. 전자인간은 물리적인 실체가 있고, 지능이 있다. 독립적인 행동이 가능하다. 기존의 법인이라는 인적·물적 단체에 대한 법률과 맞지 않을 수밖에 없다.

새로운 법인격을 탄생시키기 위해서는 사회적 합의가 필요하다. 전격적이기보다는 순차적으로 필요한 개념이 하나씩 검토될 것이다. 시기상조라고 보거나 거부감이 있을 수 있다. 하지만 피해를 입은 당사자가 로봇의 유해한 행동과 자신이 입은 손해 사이에 인과관계를 입증하면 기업에 대해 손해배상을 청구할 수 있는 방안을 도출해 내야 할 시기가 임박한 것은 부인하기 어렵다.

로이터 보도에 의하면,[29] 2025년 3월 미국 주요 자동차 제조업체와 기술단체들이 트럼프 행정부에 자율주행자동차 도입 속도를 높여 달라고 촉구했다. 주요 내용으로는 주별 규제 체계 통일 및 담당 기관 일원화와 자동차 소유주, 사업운영자, 탑승자, 제조사 등 책임을 명확히 하는 내용이 포함되었다. 자율주행 화물차 운행시 인간 운전자의 탑승을 요구하지 않도록 하는 것, 수동조작 장치(운전대, 브레이크)를 필수적으로 장착해야 하는지 여부, 자율주행차 이용 시 운전면허 요구 조건 삭제 등의 입장도 담겼다.

테슬라의 CEO 일론 머스크는 테슬라 자동차의 강력한 경쟁력인 OTA(Over-the-Air Update, 무선 소프트웨어 업데이트)가 안전규제 대상이 되는 것에 규제 완화를 요구하고 있다. 자율주행 소프프웨어 버전이 실시간으로 지속적인 업데이트가 되도록 배포해야 하는데, 매번 테스트나 별도 허가를 받을 수 없다는 것이다. 그리고 소프트웨어 책임을 명확히 하는 체계를 법적으로 정립해 달라는 입장을 지속적으로 요청하고 있다.[30]

한편 캘리포니아주 차량관리국(DMV, Department of Motor Vehicle)은 백업 운전자가 탑승하지 않으면, 통제 센터에서 항상 원격 제어할 수 있어야 승인한다는 원칙을 고수하고 있다.[31] 그리고 미국 고속도로교통안전국(NHTSA)은 OTA 기술은 편리함을 제공하지만 해킹 등 사이버보안에 대한 위험성을 경계하고 있다. 악성 소프트웨어를 통한 차량 시스템 침해, 운전 중 제어기능 상실, 차량 도난 및 개인정보 유출, OTA 업데이트 과정에서의 서비스 거부 공격 등이 있다.[32]

전자인간의 권리

권리능력은 권리의 의무와 주체가 될 수 있는 자격을 말한다. 대한민국 민법 제3조에는 "사람은 생존하는 동안 권리와 의무의 주체가 된다."라고 명시되어 있다.[33] 여기서 사람은 '인간인 나'를 의미하는데, 법률에서는 자연인이라고 한다. 그럼 인간인 나는 어떤 권리가 있나? 권리 내용에 따라 다음 네 가지로 요약할 수 있다.[34]

첫째, 인격권이 있다. 나의 몸과 정신에 대한 것이다. 나는 나의 몸을 움직여 원하는 장소에 머물거나 다른 장소로 자유롭게 이동일 수 있고, 그에 따른 부상이나 생명의 위험으로부터 보호받을 수 있다. 또한 나의 신체, 신념, 감정, 사고, 의사소통 정보에 대해 비밀을 보장받고, 나의 품성, 능력, 신용의 사회적 평가에 대해 부당하게 침해받지 않을 수 있다.

둘째, 친족권이 있다. 내 가족에 대한 권리이다. 가족은 배우자, 자녀를 기본으로 그 범위가 확대될 수 있다. 서로를 보호하고 양육하며, 이에 대한 의사결정에 관여할 권리를 갖게 된다. 또한, 내 가족이 사망한 경우, 그들이 소유한 재산과 권리를 승계받을 수 있다.

셋째, 재산권이 있다. 재산을 소유하고, 관리 및 처분할 수 있는 권리이다. 유형적인 재산에는 물건, 증권과 같은 동산과 토지, 건물과 같은 부동산이 있다. 무형적인 재산에는 특허, 저작권과 같은 지식재산과 금전 지급, 서비스 제공 등의 행위를 요구할 수 있는 채권이 있다.

넷째, 사원권이 있다. 단체의 구성원으로서 발생하는 권리이다. 일정한 목적을 위해 결합한 단체의 구성원으로서 단체의 운영과 의사결정에 참여할 수 있다. 또한, 이익이 발생하면 이를 분배받을 수 있다.

덧붙여, 상기 권리를 유지하기 위해, 지배권, 청구권, 형성권, 항변권을 갖는다. 권리의 작용에 따른 분류이기도 하다.34 즉, 물건을 배타적으로 지배하거나, 손해배상이나 채권처럼 타인에게 나의 권리에 상응하는 행위를 청구할 수 있다. 계약 해지나 취소처럼 나의 법률적 권리를 일방적으로 형성할 수 있고, 상대방의 청구를 거부하거나 방어할 수 있다.

인간은 국가라는 공공의 권력을 창설하여, 행정, 사법, 입법의 역할을 위탁했다. 따라서 역사적으로 이러한 공권력의 오남용으로부터 개인의 권리가 억압되지 않도록 주의해야 했다. 국민으로서 국가에 대해 주장할 수 있는 권리가 헌법으로 명시된 것이다. 이러한 권리를 공법적 권리 또는 헌법상 기본권이라고 한다. 이를 내용에 따라 다음과 같이 네 가지로 요약할 수 있다.35

첫째, 포괄적으로 국가는 국민에게 인간으로서의 존엄과 가치를 가질 수 있도록 행복을 추구하며, 법 앞에 평등하게 차별받지 않도록 보장할 권리를 부여해야 한다. 새로운 기술과 사회 현상에 적용 가능하도록 하는 근거가 된다.

둘째, 자유권이 있다. 국가의 간섭없이 개인적인 자유를 보장받을 권리를 의미한다. 적법하지 않게 신체의 자유가 제한되지 않을 자유, 사생활에 관한 자유, 양심 · 종교 · 언론출판 · 집회 · 결사 · 학문 · 예

공법적 권리가 최초로 인정된 마그나카르타에 서명하는 영국 존왕, Arthur C. Michael, Wikimedia Commons, Public Domain

술에 대한 정신적 자유, 원하는 장소에서 거주하며 직업과 재산을 가지고 소비할 수 있는 경제적 자유를 가진다.

셋째, 사회권이 있다. 인간다운 기본적인 생활을 할 수 있도록, 교육을 받고, 가족을 구성하며, 일을 하면서, 건강하고 쾌적한 환경에서 질병, 실업, 노령 등으로 인한 위험에서 보호받을 권리를 가진다.

넷째, 참정권이 있다. 국민이 국가의 정치적 의사결정에 참여할 수 있는 권리를 의미한다. 공직에 대한 선거에 투표할 수 있는 선거권, 공직에 선출될 피선거권, 국민투표권, 공직에 취임할 공무담임권을 가진다.

상기 권리를 국가로부터 보장받기 위해 국민은 청구권을 가진다. 법령·제도·공무원의 부당성에 대해 청원하거나, 국가 또는 공공단체에 대해 민사적 배상을 청구할 수 있다. 타인의 범죄행위로 입은 생명·신체 피해에 대해 구조를 청구하거나 형사적 보상을 청구할 수 있다. 기타 권리와 의무의 분쟁이 존재할 때, 사법기관에 재판을 청구할 수 있다. 현대를 살고 있는 자연인이라면 자연스럽게 보유하고 있는 이러한 기본 권리를 오래전부터 자연히 보유하고 있었던 것이 아니었음을 상기할 필요가 있다.

그렇다면 법인은 어떤 권리를 가지는가?[34] 법인은 자연인과 달리 물리적 실체가 아닌 법적 실체이다. 즉, 사회 경제적 역할을 위해 인간이 만들어 낸 개념이다. 재산을 소유하고, 계약을 체결하며, 행정 또는 사법적 권리 당사자가 될 수 있는 능력을 부여했다. 그리고 이러한 경제활동으로 인해 발생하는 명예와 신용에 대해 일부 인격권을 인정하고 있다. 다만 법인의 권리능력은 법인의 목적 범위내에서만 인정되며, 이를 벗어난 행위는 무효로 간주된다.

한편 물리적 실체가 없으므로, 인격권 중 생명권이나 신체권을 가질 수는 없다. 재산을 증여하고, 증여받을 권리는 있으나, 가족 구성원에 대한 권리와 상속과 같은 친족권을 가질 수 없다. 한편 법인도 단체의 사원이 될 수 있으나, 스스로 의사결정 할 수 없으므로, 이사회 등의 대표기관을 통해 의결권을 행사한다. 또한, 국가에 대한 개인의 기본적인 공법적 권리를 보장하는 자유권, 참정권, 사회권의 대상은 되지 못한다.

자연인의 권리와 법인의 권리(내용상 분류)를 비교하면 다음〈표 2〉와 같다.

표 2. 자연인과 법인의 권리 비교

구분	자연인의 권리	법인의 권리
생성	출생	설립등기
소멸	사망	청산 및 해산등기
범위	모든 권리와 의무의 주체	정관에 명시된 목적 범위
인격권	생명권, 신체권, 명예권 등 고유한 권리	명예권, 신용권 일부 인정
친족권	혼인, 친권, 상속권 등 가족법상의 권리	-
재산권	소유권, 채권, 담보권 등 재산 관련 권리	자연인과 동일
사원권	사단법인의 사원의결권, 이익분배권 등	자연인과 동일
포괄적 기본권	인간의 존엄과 가치, 행복추구권, 평등권	-
자유권	신체, 표현, 종교, 직업, 학문예술, 집회결사, 거주이전	-
사회권	교육권, 노동권, 사회보장권 등	
참정권	선거권, 피선거권, 공무담임권 등	-

전자인간은 어떤 권리를 가질 수 있을까? 전자인간은 인간의 신체와 지능에 비유되는 실체를 가지고 있다. 전자인간은 온 디바이스(on device)와 페르소나(persona) 기술을 통해 개체로서의 독립성이 발달될 수 있다. 따라서 법인과는 달리 인간처럼 학습하고, 자율성 있게 행동할 수 있다. 법률행위와 물리적 행위 모두 가능하다. 따라서 어떤 권리능력을 부여받게 될 것인가에 대해서는, 오롯이 기술의 발전과 사회적 합의에 달려 있다.

전자인간의 권리가 인정될 것으로 예상되는 시점을 단계로 다음 〈표 3〉에 표시해 보았다. 3, 4단계는 도래하지 않을 가능성도 배제하기 어렵다. 전자인간에게 해당 권리를 인정하는 것에 대한 옳고 그름이 반영된 것은 아니다. 독자들이 생각해 볼 수 있게, 기술적, 법률적, 그리고 사회

표 3. 전자인간 권리에 대한 예상 적용단계

구분	전자인간의 권리	단계
인격권	생명권, 신체권, 명예권, 신용권	2단계
친족권	친권, 상속권	2단계
재산권	소유권, 채권, 담보권	1단계
사원권	사단법인의 사원의결권, 이익분배권	1단계
자유권	신체, 학문예술, 언론출판	3단계
	자유권양심, 종교, 직업선택, 집회결사, 거주이전 등	4단계
참정권	공무담임권	3단계
	참정권선거권, 피선거권	4단계
사회권	의무교육, 근로기회, 근로조건, 보건권	3단계
	사회권사회보장권, 사회복지권, 노동 3권 등	4단계

적 편익을 종합해서 예측해 본 것이다.

법인과 마찬가지로 전자인간에도 '재산권'을 먼저 부여할 것 같다. 인공지능 에이전트 시대가 도래했다. 인간이 자신을 대리하여 인공지능에 사무를 보도록 하는 것이다. 사무란 법률행위를 말한다. 단순히 도구나 기능으로서의 에이전트가 아니라, 인간이 희망하는 목적 범위 내에서 자율적으로 법률행위를 해나갈 것이다. 그리고 그 재량범위는 빠르게 커질 것이다. 결국 에이전트에게 책임재산이 인정되어야 거래의 안정성 보장된다. 거래의 해제, 해지, 취소 및 복원, 손해배상, 부당이득 반환, 책임 분담, 상계 등이 가능해져야 한다. 즉, 인공지능 에이전트에게 전자인간이라는 법인격을 부여하고, 재산권을 인정하는 방법이 유력해질 것으로 예상된다.

경제적 주체로서 인정받는다면, 법인과 마찬가지로 사단법인의 사원이 될 수 있는 '사원권' 또한 인정될 가능성이 높다. 특정한 경제적 목적을 위해 일원이 되고, 의결권을 가지며, 이익을 분배받을 수 있게 될 것이다.

첨예한 논쟁이 발생하겠지만, '인격권'과 '친족권'이 일부 인정될 가능성이 있다. 신체를 가지고 있고, 정신이라고 할 수는 없지만, 목적을 달성하기 위해 주어진 범위 안에서 필요한 의사를 가지고 있다. 거래와 같은 법률 행위뿐만 아니라, 인간의 직업과 일상을 돕기 위해 다양한 사실 행위를 할 것이다. 서로 다른 환경에서, 차별적인 학습을 통해 성장하기 때문에, 역량의 차이가 발생할 것이다. 그러니 전자인간에게도 차별적인 명예와 신용이 쌓일 것이다. 따라서 일정 수준의 명예와 신용(인격권)을 인정하는 시점이 올 것 같다.

친족권의 경우, 재산권보다는 시간이 걸리겠지만, 인정받을 시점이 올 것으로 예상된다. 재산권이 인정되면, 상속권을 인정할 동인이 발생하기 때문이다. 재산권을 인정하는 이유가 전자인간으로부터 인간을 보호하기 위한 이유가 첫 번째라면, 전자인간이 자신을 유지·보수하고, 업데이트하면서 지켜 내도록 보장할 이유도 존재한다. 특히, 전자인간은 사람보다 더 오래 존재할 수 있기 때문이다. 세상을 떠날 준비를 하는 사람이라면, 전자인간을 통해 가족과 세상에 레거시를 남기고 싶을 것이다.

전자인간은 인간과 대화가 가능하고, 다양한 깊이로 교감할 수 있는 존재이다. 처음에는 어색한 일이겠지만, 반려동물보다 가족의 일원으로 받아들이지 않을 이유가 없다. 예컨대, 부부가 이혼하면서 단순히 사물이 아니라, 양육, 부양, 접견과 유사한 개념의 분쟁이 발생할 수 있다.

물론 전자인간에게 인격권과 친족권을 인정하려면 넘어야 할 심리적 장벽이 있다. 그러나 편익이 충분하다면, 다른 용어와 별도의 법률로 소화해 나갈 것이다. 반드시, 현존하는 인간을 위한 법률체계로 전자인간을 규정할 필요는 없기 때문이다. 얼마나 시간이 많이 소요될지, 어떤 법률체계로 발전할지는 기술의 보급 속도와 파급력에 달려 있을 것 같다.

공법상 권리이자, 헌법상 기본권에 대해서도 논의될 시대가 올 것이다. 법인의 사례에서와 마찬가지로 반드시 헌법에 전자인간이 추가될 필요는 없다. 그런 관점에서 자유권과 유사한 개념이 인정될 부분이 있다. 전자인간도 신체와 지능이 있다. 신체에 많은 정보와 행위능력이 포함되어 있다. 이들을 부당하게 압수, 수색, 체포, 구속한다면 여러 가지 법률적인 문제가 발생한다.

예컨대, 전자인간이 사용자의 소유물이면 재산권 침해, 가족의 일원이면 가족관계 침해가 구성된다. 또한, 전자인간의 사용자에 대한 정보를 보유하고 있으므로, 사용자에 대한 개인정보, 프라이버시, 영업비밀 침해를 구성할 수 있다. 따라서 전자인간의 신체의 자유는 인격권과 마찬가지로 빠른 시간에 인정될 이유가 있다.

한편 양심·종교·언론 출판·집회·결사·학문·예술·거주이전·직업 선택 등의 자유는 약간 차원이 다른 부분이다. 가까운 장래에 대한 고찰을 넘어서는 부분이 있다. 다만 학문·예술의 자유에서 발명자, 저작자, 과학기술자, 예술가의 지위에 대한 부분이 논쟁될 가능성이 있다. 또한, 인간이 전자인간에게 자신을 대신한 역할을 기대하는 측면에서 언론·출판의 자유나 직업선택의 자유가 일부 거론될 가능성이 있다. 전자인간이 자신의 존재를 최소한 유지하기 위해 필요한 행위가 부정당하는 상황이 발생한다면, 이를 보장하기 위해 활용될 부분이 있을지도 모른다.

참정권 역시 미지의 영역이다. 기술적인 부분보다는 사회적 합의가 더 어려울 수 있다. 인류가 아직은 예측하지 못하는 부분이다. 전자인간이 선거권, 피선거권, 국민투표권, 공무담임권을 가진다는 것은, 높은 수준에서 자유 시민의 일원으로 인정하는 것이다. 사회적, 정치적 대변혁에 해당하는 단계일 수도 있다. 다만 인공지능이 인간과 달리 공평무사할 것이라는 기대감이 있어서인지, 행정, 사법, 입법 등에서 공무원과 같은 역할을 맡기고 싶은 욕구는 있는 것 같다. 하지만 공무를 단독으로 맡길 수 있을지는 의문이 많다.

사회권에도 참정권과 맥락이 비슷하다. 기본적인 생활을 보장받고, 균등한 의무 교육을 받고, 일할 기회와 근로조건을 개선할 기회, 건강하고 쾌적한 생활과 위험에서 보호받을 권리를 스스로 찾고 보장받는다는 것에 관한 것이다. 전자인간이 이런 부분에서 국가에 적극적인 역할을 요구한다는 것은 역시 고차원적인 단계에서 발생할지 모르는 권리이다.

하지만 자신의 존재를 최소한 유지하기 위해 필요한 행위가 부정당하는 상황이 발생한다면, 이를 보장하기 위해 활용될 부분이 있을지 모른다. 의무 교육을 받을 권리, 근로 기회를 제공받을 권리, 지속가능한 근로 및 보건 환경 등은 어느 시점에 검토될 가치가 있어 보인다. 예컨대, 전자인간이 무용하게 방치되고 있다면, 오히려 국가와 사회가 이를 활용토록 최저점을 만들지 모른다.

마찬가지로 전자인간이 유지·보수되지 못할 정도의 가혹한 물리적 조건에 노출된다면, 이를 방지하고자 할지 모른다. 왜냐하면 전자인간은 국가와 사회적 차원에서도 유용한 자원이자 의무를 부여하고 싶은 대상이기도 하기 때문이다.

전자인간의 의무

　의무와 책임은 무엇이며, 무엇이 다른가?35 의무는 특정 행위를 강제하는 것이지만, 책임은 의무를 이행하지 않았을 때 그 결과를 부담하는 것을 의미한다. 따라서 법률적인 관점에서, 의무는 개인의 의사와 관계없이 강제적으로 부과되는 법률적으로 규정된 요구이며, 책임은 그 의무를 이행하지 않았을 때 발생하는 결과에 대해 법률적 제재를 받는 것이다.
　그렇다면 인간인 우리에게는 어떤 법률상 의무가 있나?34, 35
　첫째, 개인 간의 관계에서 발생하는 의무로, 계약이행의 의무, 손해배상의 의무, 가족법상 부양 및 협조의 의무가 있다. 계약이행의 의무는 매매계약, 임대차계약, 근로계약과 같이 계약에 대한 채무를 부담하는 것이다. 손해배상 의무는 고의 또는 과실로 타인에게 손해를 입혔을 경우, 원상회복 또는 금전 배상의 책임을 지는 것이다. 가족법상 발생하는 의무는 배우자 간 또는 부모와 자녀 간에 부양해야 할 의무, 부모는 미성년 자녀를 보호하고 양육해야 할 의무, 부부가 서로에게 성실할 의무 등을 말한다.
　둘째, 국가와 개인 사이의 관계에서 발생하는 의무로, 주요 3대 의무인 납세의 의무, 국방의 의무, 교육의 의무가 있다. 납세의 의무는 국가가 운영을 위해 세금을 부과하면 이에 대해 납부할 의무이다. 국방의 의무는 국가를 방위하기 위해 병역의 의무를 부담하는 것이다.

교육의 의무는 모든 국민이 일정 수준의 기초 교육을 받을 의무이다.

셋째, 기타 법률을 지킬 의무가 있다. 당연한 이야기이다. 교통 법규를 준수해야 하고, 공공 위생 및 질서를 수호해야 한다. 환경도 보호해야 한다. 고의적이거나, 부주의 때문에 타인에게 신체적 위해나 타인과 사회에 재산적 피해를 초래하지 않도록 할 의무가 있다. 즉, 불법행위와 범죄로 규정된 행위를 하지 않아야 한다.

그러면 전자인간은 어떤 법률상 의무를 져야 할까? 전자인간에게 권리가 인정되면, 전자인간도 그에 상응되는 의무를 져야 할 것이다. 〈표 4〉에 전자인간에 부과될 가능성 있는 의무를 인간의 의무에 대비하여 나타내었다.

표 4. 전자인간 의무의 부과 단계

구분		인간 적용 여부	전자인간 부과 단계
아시모프	제0법칙: 인류보호	×	1단계
	원칙제1법칙: 인간보호	×	1단계
	원칙제2법칙: 명령복종	×	1단계
	원칙제3법칙: 자기보호	×	1단계
사법	계약이행 의무	○	1단계
	손해배상 의무	○	1단계
	가족부양 의무	○	2단계
공법	납세 의무	○	2-3단계
	국방 의무	○	2-3단계
	교육 의무	○	1-2단계

우선 아시모프의 로봇 3원칙에 해당하는 원칙에 대한 의무화를 고려해 볼 만하다. 아시모프가 1942년 단편 소설에서 최초로 명문화한 개념36으로, 단순한 소설적 장치를 넘어서 과학윤리, 인공지능법, 로봇 윤리분야에서 선구적인 기준으로 인용되고 있다. 이후 1985년에 되어서야 후기작품 '로봇과 제국'을 통해서 최상위 원칙인 제 0법칙이 고안되었다.37 로봇 3원칙이 개별인간 단위로 설정됨에 따라, 한 사람 또는 로봇 자산을 보호하는 원칙과 충돌되는 논리적 한계를 극복하기 위해서 인류 전체를 보호 대상으로 삼는 상위 규범을 도입했다. 다음 〈표 5〉에 아시모프의 로봇 원칙을 나타내었다.

표 5. 아시모프의 로봇 원칙

	내용
제0법칙	로봇은 인류 전체에 해를 끼치거나 인류가 해를 입도록 방관해서는 안 된다.
제1법칙	로봇은 인간에게 해를 끼치거나 인간이 해를 입도록 방관해서는 안 된다.
제2법칙	로봇은 인간의 명령에 복종해야 한다. 단, 그 명령이 제 1법칙에 위배되지 않는 한에서.
제3법칙	로봇은 자신을 보호해야 한다. 단, 그 보호가 제1법칙 또는 제2법칙에 위배되지 않는 한에서.

기본적으로 아시모프의 로봇 원칙은 1단계에서부터 적극 도입할 만한 기본적인 원칙이다. 하지만 세부적으로 보면, 이슈가 있다. 예외 없는 원칙은 없는데, 짧은 언어로 규율하려고 하기 때문이다. 반드시 지

켜야 하는 원칙이란 것은 인간에게도 적용되지 않는 허구일지 모른다.

제1법칙에서 나온 로봇이 인간에게 해를 끼치지 않도록 하는 것은 지켜야 할 것이 자명하다. 그러나 인간이 해를 입도록 방관해서는 안 된다는 부분은 문제의 소지가 있다. 예컨대, 전자인간이 위험을 감지하고, 신고를 하거나, 도움을 청하는 것, 나아가 응급처치를 하는 것은 권장될 만하나, 무조건 사건에 개입하는 것은 바람직하지 않다. 민사적으로나 형사적으로 이슈가 많기 때문에, 전자인간의 역량과 여건에 맞는 행동지침을 규범화해 나갈 필요가 있다.

제2법칙에서 인간에게 해를 끼치지 않는 한 인간의 명령에 복종하는 것은 기본적으로 바람직하다. 하지만 사각지대가 있다. 인간이 불법적인 목적을 감추고, 전자인간을 이용하거나, 함정에 빠뜨릴 수 있다.

제3법칙도 일견 타당하다. 하지만 제1법칙, 제2법칙에 종속된 후순위로 제3법칙을 설정하는 것이, 정말 합리적인 결과를 도출할 것인지에 대해서는 의구심이 든다. 제1법칙, 제2법칙을 제3의 법칙 위에서 과도하게 지키려고 하다, 합리성을 상실하고 문제를 더 키울 수 있다. 로봇의 3원칙은 자신을 먼저 보호하려는 인간의 사고체계에 반하기 때문에 인간이 설계해 놓은 세상에서는 비상식적인 결과로 발현될 수 있다. 다양한 실험을 해 볼 필요가 있다.

아시모프가 미처 상상하지 못했던 것은 인공지능이 인간에 못지않게, 혹은 그 이상으로 상황 판단을 잘할 수 있다는 점이다. 개별적 상황에서 수집한 빅데이터에 따라 판단하는 것이 원칙 기반 결정보다

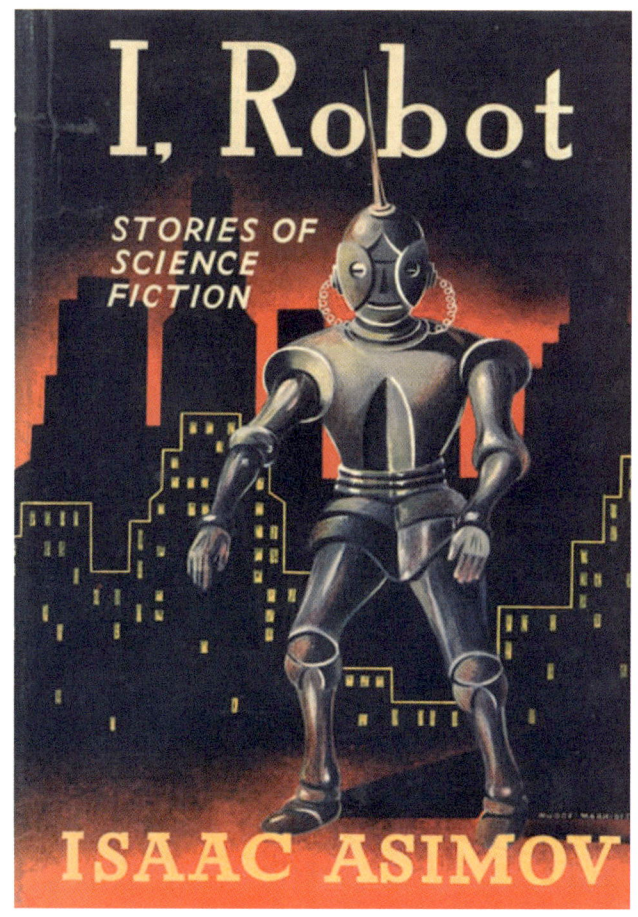

로봇 원칙이 수록된 아시모프의 『아이로봇』 초판, 1950.
Wikimedia Commons, Public Domain

우월할 수 있다는 것을 아시모프 시대에는 알 수 없었을 것이다.

제0법칙도 물론 중요한 대원칙이다. 하지만 인간도 세상의 인과관계를 파악하고, 행동할 수 없는 것처럼 전자인간도 일상을 인류 대 개인 기반으로 파악하고 행동할 수 없다. 할 수 있어도 반드시 좋은 결과에 이르는 건 아니다. 자율주행을 하는데 돌발상황에 탑승객보다 인류를 우선순위에 두면 어떤 결과가 나오겠는가?

다음으로 개인 간에 발생하는 사법상 의무와 국가와 개인 간에 발생하는 공법상 의무를 상세히 살펴보자.

첫째, 인간과 마찬가지로 개인 간에 발생하는 의무는 당연히 지켜야 한다. 계약이행의 의무와 손해배상의 의무 부과는 재산권과 법률행위능력이 인정됨에 따라 우선으로 부과될 것으로 본다. 가족법상 부양과 협조의 의무는 친족권이 형성되는 시점에 자연스럽게 수반될 것으로 본다. 하지만 이 경우는 의무만 먼저 부여될 가능성도 있다. 전자인간에게 권리는 주지 않더라도, 사용자나 사용자 가족에 대한 헌신뿐만 아니라 부양의 의무까지 부여하고 싶은 인간의 마음이 자연스럽게 앞설 것이라고 본다.

둘째, 국가와 개인의 관계에서 발생하는 의무는 전자인간에도 부과될 가능성이 높다. 인간이 전자인간을 인간만을 위한 수단으로 보고, 편익을 취하고자 하는 욕구가 강하기 때문이다.

납세의 의무는 부여될 가능성이 있다. 초기에는 기본적으로 전자인간을 창조하는 제조업자나, 이를 활용하는 사용자에게 부과될 것이다. 하지만 전자인간에게 재산권 인정이 안정화되는 시점 이후에는 책임재산 으로부터 세금을 직접 내도록 발전할 가능성이 있다. 나아가, 노동에 대한 일정 급여를 축적할 수 있게 한 다음 납세의 의무를 부과할지도 모르겠다.

국방의 의무를 부여할 가능성이 있다. 국가, 지역 정부, 길드, 사단법인 등 어떤 형태의 단체에서든 전자인간을 유사시 강제 동원할 수 있도록 규범화할 가능성이 높다. 생각해 보면 매우 훌륭한 국방 자원이자, 사회 자원이다. 일정한 군사 학습을 시킨 후 일정 기간 복무시키거나 예비군으로 편성할 수도 있다. 한편에서는 전문적인 전자인간 군대도 양성될 것이다. 인간 대신 전자인간이 대리전쟁을 하는 방향으로 발전할 것은 자명하다. 다만 재래식 무기를 첨단 무기로 재편하는 데 시간이 걸리듯이, 인간에서 전자인간으로 대체하려면 상당한 시간에 걸쳐 진행되어야 할 것이다.

교육의 의무는 당연히 부과될 것이다. 일정 수준을 정해 놓고, 그 이상의 업그레이드가 되도록 의무를 부과할 것이다. 전자인간 사용자의 재무 상태, 돌봄의 수준, 전자인간이 보유한 책임재산 등에 따라 하드웨어 또는 소프트웨어적으로 업그레이드의 격차가 발생할 수 있다. 대다수의 전자인간에 대비하여 일부의 전자인간이 기능적으로 노후화되는 경우, 사회적으로 도태되거나 위험에 처할 수도 있다. 그리고 그 위험은 전자인간 당사자뿐만 아니라, 인간 사회에게 전가될 수 있다.

셋째, 기타 법률을 지킬 의무가 전자인간에도 발생할 것이다. 인간이 지켜야 할 대다수의 법률을 전자인간이 지키는 것은 기본이다. 교통 법규를 준수해야 하고, 공공 위생 및 질서를 수호해야 한다. 환경도 보호해야 한다. 즉, 인간에게 적용되는 불법행위와 범죄를 저지르지 않아야 한다.

나아가 전자인간은 전자인간만이 지켜야 할 추가적인 의무를 부여받을 것이다. 가령, 인간을 자신이나 다른 전자인간보다 우선으로 보호해야 한다는 대명제 때문에, 세부적인 규정이 부여될 수도 있다. 예컨대, 전자인간임을 즉각 알아볼 수 있게 외양적으로 표시해야 한다든지, 인간만 허락되는 공간에 출입이 제한된다든지, 범죄나 안전상 위험을 인지했을 때 신고하고 선행적으로 행동하는 것 등이 있을 수 있다.

전자인간의 책임

권리가 있으면 의무가 생기고, 의무를 지키지 않으면 책임이 발생한다. 행위능력과 책임 능력의 개념을 통해 책임의 개념을 이해해 보자.

행위능력이란 무엇인가?[34] 권리능력은 권리와 의무를 질 수 있는 기본적인 법적 지위를 의미하지만 행위능력은 단독으로 유효하게 계약과 같은 법률행위를 할 수 있는 자격을 의미한다. 법률행위 상대방의 안전과 보호를 목적으로 한다. 따라서 행위능력은 권리능력의 일부 제한이다.

권리능력을 기본적으로 부여받았다 하더라도, 단독으로 유효한 법률행위를 하기 위해 기본적인 의사능력이 인정되어야 한다. 즉, 행위자의 나이와 정신적 상태, 법적 제한 등에 따라 행위능력이 일부 제한되는 것이다. 예를 들어, 미성년자는 행위능력이 제한된다. 생필품에 대해서는 유효한 계약을 할 수 있으나 그 외에 대해서는 법정대리인의 동의나 추인이 필요하다. 그렇지 않으면, 계약은 취소 가능하다.

인공지능이 에이전트 역할을 제대로 수행하려면, 단독으로 법률행위를 할 수 있는 자격이 부여되어야 한다. 인공지능 에이전트 시대의 도래는 인터넷 시대에 서치엔진의 등장 이상의 편익이 있어서, 역행하기 어려운 흐름으로 보인다. 따라서 인공지능에서 거래라고 하는 법률행위를 할 수 있는 행위능력이 인정되어야 하고, 역으로 이에 권원이 되는 권리능력이 부여되어야 한다. 계약에서 전자인간의 행위능력을 미성년자나 한정치산자처럼 제한하지 않을 가능성이 높다.

　인공지능 에이전트를 하나의 도구로 보면 어떤가? 인공지능 에이전트는 추천만 하고, 사용자가 모든 법률행위를 직접 하면 가능한 일이다. 당분간은 대체로 그렇게 운영될 것 같다. 하지만 우리의 기대감과 의존도는 높아지고, 인공지능 에이전트의 재량범위는 커질 것이 자명하다. 따라서 불완전한 행위능력을 부여한 중간단계가 과도기적으로 인정될 수는 있어도, 궁극적으로는 전자인간의 행위능력은 넓게 인정하게 될 가능성이 높다.

　책임 능력이란 무엇인가?[38] 책임 능력은 행위자가 자신의 행위가 법적으로 위법하며 비난받을 수 있다는 사실을 인식할 수 있는지를 판단하는 기준이다. 민사에서는 불법행위에 대한 손해배상 책임을, 형사에서는 범죄에 대한 처벌 가능성을 판단한다. 나이나 정신 상태에 따라 자신의 행위 결과를 충분히 이해하지 못한 상태에서 법적 책임을 지게 된다면, 공정하지 못하기 때문이다. 책임변식 지능이 없는 사람에 대한 손해배상은 감독 의무를 진 자가 책임을 진다. 만 14세 미만의 형사미성년자와 심신 상실자는 범죄 처벌에서 제외되고, 보호처분을 통해 재활을 도모한다.

　책임 능력을 인정할 이유는 전자인간의 불법행위를 구성하기 위해서이다. 즉, 전자인간이 책임 능력이 있어야 불법행위가 인정되고, 불법행위가 인정되어야 손해배상을 받을 수 있다. 전자인간은 인간을 위해 어떤 행위를 한다. 계약과 같은 법률행위일 수도 있고, 운전과 같은 물리적인 행위일 수도 있다. 이러한 작업 중에 타인의 재산 또는 타인의 신체에 피해가 발생한 경우 이에 대해 손해배상을 해야 한다.

이럴 때는 누가 손해배상을 해야 하나? 전자인간이 바람직하다. 제조사는 제조물에 결함이 있는 경우에만 책임을 진다. 예컨대, 자동차 접촉 사고가 난 것이 제조사의 결함은 대부분 아니다. 또한 일상적인 피해가 발생할 정도의 기술 수준이면 제조물이 출시되지도 않거니와 결함이 있어도 일상적으로 규명하기 어렵다.

그러면 소유자가 배상해야 하는가? 예컨대, 유아가 놀이방에서 화분을 깨뜨리면 부모가 책임지나 감독자가 책임을 지는가? 그렇다. 감독자가 책임을 진다. 전자인간을 책임 무능력자로 보자면 소유자가 아니라 감독자가 책임을 져야 한다. 물론 소유자가 곧 감독자일 경우도 있다. 항상 내 눈으로 모니터링하고 있는 상태에서 작업을 한다면 그렇다. 그러나 이러한 쓰임새는 전자제품 또는 기계 장비에 지나지 않을 때 적합한 것이다.

전자인간의 활동은 많은 경우 소유자가 감독자가 아닌 상황에서 이루어져야 한다. 그렇다면 나를 대신하여 제3의 감독자가 책임을 지고 전자인간을 모니터링하고 있어야 하는가? 비용적인 면에서 배보다 배꼽이 클 수 있기 때문에 현실적이지 않다. 따라서 전자인간이 책임 무능력이 되어서는 어플리케이션이 발전할 수 없다.

전자인간이 민사적 책임을 질 수 있나? 이는 가능하다. 전자인간이 민사상 손해배상에 대한 책임을 지기 위해서는 책임재산을 형성하는 것이 바람직하다. 책임재산 이란 채권자가 법적 절차를 통해 회수할 수 있는 채무자의 재산으로, 손해배상, 채무변제, 계약상 의무 이행 등을 충당한다. 보증금 또는 지급준비금 형태일 수도 있겠고, 책임보험금의 형태일 수도 있겠다. 자동차 보험과 유사하게, 자기 물적 손해, 타인 물적 손해, 자기 인적 손해, 타인 인적 손해를 설정할 수도 있다. 전자인간은 그 자체가 자동차와 같은 위험이 있으므로, 자신보다는 타인의 물적, 인적 손해에 대해 보상하는 것이 더 관건이다.

전자인간이 형사적 책임을 질 수 있는가? 원론적으로는 범죄를 원천적으로 차단할 존재에게 형사적 책임을 지게 하는 것이 어색하다. 하지만 현실적으로는 가능성 있다. 형사적 책임을 진다는 이야기는 범죄에 대해 처벌받는다는 것이다. 범죄는 범죄 의사(intent), 행동(act), 인과관계(causation)가 있어야 성립된다.[38] 전자인간은 원천적으로 범죄 의사를 가지지 못하도록 설계될 것이다. 그런데도 범죄가 성립될 수 있는 세 가지 경우를 상정해 볼 수 있다.

첫 번째는 범죄 의사를 방지하는 알고리즘이 인간에 의해 조작되거나 오류로 인해 작동하지 않는 경우이다. 범죄가 성립되면 인간의 경우 처벌을 받는데, 전자인간도 처벌받을 수 있는가? 처벌을 받아야 하나? 아마도 전자인간에 합당한 처벌을 개발하지 않을까 싶다. 처벌의 목적은 고통보다는 사회와의 분리 또는 교화에 있다고 한다. 그렇다면 전자인간에도 인간과 마찬가지로 활동할 수 있는 현실세계 및 가

상세계에서 격리 조치하는 것이 가능하다. 한편 하드웨어 업그레이드 또는 소프트웨어 업그레이드가 가능하다. 교화에 해당하는 조치로 볼 수 있을 것 같다. 모든 기억을 지우는 포맷도 가능할 것인데, 이것은 폐기 처분에 상응하는 가장 높은 형벌에 해당될 것 같다.

두 번째, 인간의 지시에 의해 종범이 되는 경우이다. 인간을 위한 것이 맞지만 위법한 지시가 있을 경우, 전자인간은 이를 따라야 하는 것인가. 아마 전자인간은 인간의 지시라도 위법한 행동을 하지 못하도록 설계될 가능성이 높다. 그럼에도 불구하고 전자인간은 주어진 정보가 왜곡되거나 부족한 경우에 범죄를 전혀 예견하지 못하고, 인간의 지시에 의해 종범으로서의 행동을 취할 수 있다.

세 번째는 범죄를 인식하지 못했지만 과실에 의해 범죄가 성립되는 경우다. 예컨대, 과실치상, 과실치사, 교통 과실, 산업재해 과실, 과실로 인한 환경오염 등의 범죄이다. 범죄 의식이 없었음에도, 감경된 처벌을 받는 것으로 인간과 마찬가지로 전자인간에게도 적용할 당위성이 있다. 처벌의 유형은 앞서 기술한 유형에서와 같이, 격리와 교화의 방법으로 적용 가능하다.

2장. 인간의 존엄성

생성형 AI와 유럽연합의 AI Act

자율주행 기술에 대한 상용화 시도는 생각보다 오래되었다. 미국 방위고등연구계획국(DARPA)은 2004년부터 2007년까지 자율주행 자동차 대회를 개최했다.[39] 구글은 2009년부터 자율주행 기술개발을 시작해 2016년에는 웨이모(Waymo)라는 독립법인을 출범했고, 이때 시범운행 누적 운행 거리는 이미 321만 km를 돌파했다.[40] 제2장에서 소개했듯이, 상용화 로보택시 운행은 2018년부터 애리조나 피닉스시에서 시작해서, 미국과 중국 일부 도시에서 상용화되었다. 하지만 자율주행 서비스의 보편적 확산은 생각했던 것보다 시간이 걸리고 있다. 자율주행은 물리적 환경 속에서 작동해야 하고, 사고에 대한 위험이 크기 때문에, 안정성 확보를 위해 보수적인 시장을 극복해야 하는 어려움이 있기 때문이다.

한편 생성형 AI 기술이 생각보다 빨리 우리의 일상으로 다가왔다. 2017년 순환구조 없이 전적으로 어텐션 메커니즘에 기반한 새로운 신경망 아키텍처인 트랜스포머(Transformer)가 제안되었다. 이 아키텍처는 이후 대형 언어모델(LLM, Large Language Model)의 기반이 되었다.41

이에 따라 텍스트, 이미지, 비디오 등 다양한 콘텐츠에 대한 생성형 AI 서비스의 상용화가 가속되었다. 2022년 11월 ChatGPT의 등장을 시작으로, 텍스트 생성형으로 시작하여, 미드저니(Midjourney), 달리(DALL-E), 스테이블 디퓨전(Stable Diffusion)과 같이 이미지 생성형, 런웨이(Runway), 신서시아(Synthesia)와 같이 비디오 생성형 플랫폼이 생겼다. 2023년 3월에는 GPT-4를 통해 멀티모달(multimodal) 서비스가 상용화되었다.42 멀티모달이란 텍스트, 음성, 이미지와 동영상처럼 다양한 형태의 입력과 출력을 결합하여 데이터를 처리하고 이해하는 기술이다. 생성형 AI는 상용화 속도가 빨랐고, 이미 우리의 일상에 광범위한 영향을 미치고 있다.

생성형 AI의 위험은 눈에 띄지 않아 빠르게 확산했지만, 어쩌면 인류에게 더 크고 광범위한 영향력을 미칠 가능성이 있으며 어떤 리스크를 내포하고 있을지 모른다. 이러한 위험성에 대해 EU 의회의 대응은 빨랐다. 개인정보 보호 및 데이터 안보에 민감하게 대처해야 했던 선례가 있어서인 것 같다. 일반데이터보호규정(GDPR, General Data Protection Regulation) 입법화 과정에서 축적한 경험이다.

유럽연합(EU)은 2016년 3월에 GDPR을 채택하고, 2018년 5월부터 시행했다.43 구글, 페이스북 등 미국의 글로벌 서치 플랫폼과 SNS의 확산으로 자국민의 개인정보가 대규모로 활용되면서, 시민들의 데이터 보호와 데이터 주권을 확보가 필요했다. GDPR에 따르면, 정보 주체로서 개인이 EU 외부에 있는 기업이라도 본인의 데이터 접근권, 삭제권, 이동권이 보장되고, 위반 기업에 연간 글로벌 매출액의 4% 또는 2천만 유로 중 높은 금액의 과징금을 부과할 수 있다.

유럽연합 의회는 2017년 전자인간 결의안을 채택한 이후, 2018년 인공지능 기술이 인간의 권리와 자유를 침해하지 않도록 윤리 지침을 마련했다.44 2020년에는 인공지능 기술의 위험성을 관리하며 혁신을 촉진할 수 있는 규제 프레임워크를 백서에 담아 발표했다.45 백서에는 인공지능 시스템을 위험 수준에 따라 분류하여, 고위험 인공지능에 대해서 엄격 규제를 적용하는 내용이 담겼다. 이를 기반으로 유럽연합의 AI Act 초안이 공표되었고, 2023년 6월 유럽 의회를 최종 통과했다.46

유럽연합 AI Act는 인공지능 시스템의 안전성과 신뢰성을 높이고, 위험을 완화하며, 인간의 통제 속에 유지하기 위한 규제이다. 인공지능 시스템을 인간에게 위험한 정도에 따라 수용 불가, 고위험, 제한적 위험, 저위험의 4등급으로 분류했다.47 공공장소에서의 원격 생체 인식, 사회적 평가, 사회 범죄, 특정 집단의 취약성 악용 등에 사용되는 인공지능 시스템은 '수용 불가(unacceptable risk)'로 분류된다. 인간의 존엄성, 자유, 평등을 침해하거나 사회적 해악을 초래할 가능성이 높기 때문이다. 2025년 2월부터 적용된다. 금지된 인공지능 시스템을 사용할 경우, 최대 3,500만 유로 또는 전년도 글로벌 매출의 7% 중 더 큰 금액의 벌금이 부과된다.

한편 인프라, 의료, 교육, 국경, 법 집행 등에서 중대한 영향을 미칠 수 있는 '고위험' 시스템은 2026년 8월부터 규제된다. '고위험' 군은 시스템 출시 전 적합성 평가를 통과해야 한다. 또한 유럽연합 데이터베이스에 등록하여 지속적인 추적 모니터링 관리를 받아야 한다. 챗지피티(ChatGPT), 제미니(Gemini)와 같은 범용 인공지능의 경우에는, 신규 모델은 2025년 8월부터, 기존 모델은 2026년 8월까지 위험성 평가 및 적합성 인증받아야 한다. 고위험군에 대한 시행일이 다른 위험군보다 다소 늦게 설정된 것은 기존 플랫폼이 준비해야 할 시간을 주기 위한 것이다.

"물고기는 존재하지 않는다"

사람은 3명 이상만 모여도 편을 가르곤 한다. 가족 간에도 그렇다. 어떤 쟁점으로 갈라지기도 하고, 누군가는 쟁점을 만들어 갈라치기를 조장하기도 한다. 서바이벌 TV 프로그램을 보아도 잘 알 수 있듯이, 일정한 무리에서 안정감을 얻거나, 자원의 배분에서 우위를 점하려고 하는 게 인간의 본성 중 하나인 것 같다.

인류는 사회적 장치를 만들어 대체적으로는 잘 제어하고 있지만, 집단적 갈등에 취약하다. 소위 집단 따돌림을 통해 작게는 개인을, 크게는 일정한 특징을 공유하는 집단을 정치적으로 탄압하는 사건을 일으킨다. 독일 나치의 유대인 학살과 르완다의 제노사이드와 같이, 인류사에 남겨진 큰 재앙들은 모두 너와 나, 너희와 우리의 다름을 찾아 이를 기준으로 차별하는 것에서 비롯된 것이다.

절대왕정에서 민주주의를 탄생시켰고, 1차, 2차 세계대전을 통해 인종, 민족, 국가의 차별과 살육의 아픔을 딛고 일어선 유럽 국가들은 차별이 초래하는 사회적 갈등과 폐해에 대해 더욱 민감한 것은 놀랍지 않다. 유럽연합이 세계 최초로 시행한 인공지능 법에 따르면, 인류가 받아들일 수 없는 인공지능기술의 리스크(unacceptable risk)를 요약하면 다음과 같다.[47]

- 생체 인식 남용 행위: 생체 정보에 기초하여 인종, 정치적 견해, 종교적 또는 철학적 신념, 성적 지향, 정치적 견해 등을 추론하거나, 법 집행을 목적으로 공개된 공간에서 실시간으로 신원을 확인하는 행위(국가안보, 범죄 수사 예외적 상황 제외)
- 사회적 평가 행위: 인간을 프로파일링하여 인간의 존엄성이 훼손되거나, 불이익을 초래되는 행위. 프로파일링을 이용한 범죄 예측, 교육이나 사업장에서 개인의 감정 추론, 사회적 평점에 따른 개인 또는 집단의 분류 행위가 포함된다.
- 의사결정 왜곡 행위: 인간의 잠재의식을 이용, 조작, 기만하여 의사결정 능력을 저하하거나, 개인 또는 집단의 특정한 사회적 경제적 상황으로 인한 취약성을 이용하여, 인간의 행동을 중대하게 왜곡하는 행위

고위험 행위(high risk)를 분류하면서, 좀 더 구체적인 범위에서 기술했기 때문에 살펴보면 무엇을 경계하는지 좀 더 확실히 이해할 수 있다. 고위험 행위로는 지목한 것은 다음과 같다.

- 도로, 교통, 수도, 가스, 난방, 전기 등의 중요 기반 시설에 대한 안전 구성요소에 활용
- 학생에 대한 입학 결정 및 학습 수준 평가에 활용
- 근로자에 대한 채용 또는 성과 모니터링에 활용

- 범죄의 피의자를 탐지, 수사, 기소하는 과정에 대한 신뢰성 평가에 활용
- 여행자에 대한 이주, 망명, 국경 통제·관리에서의 적격성 판단에 활용
- 사법기관의 분쟁 해결 과정에 활용
- 민주적 선거에 영향을 미치기 위한 행위에 활용

『물고기는 존재하지 않는다』는 국내에서는 2021년 12월에 출간되어, 30만 부 이상 판매된 베스트셀러이다.48 미국의 과학 전문 기자가 19세기 어류 분류학자 '데이비드 스타 조던'의 삶을 조명한 내용으로, 그의 삶을 통해 자연과 인간에 대한 성찰과 사회적 메시지를 도출하여 독자들에게 깊은 감동을 주었다.

과거에는 주로 린네(Linnaeus)가 개발한 계층적 생물 분류체계49를 학습했다. 포유류, 양서류, 파충류, 조류, 어류, 곤충이 그것이다. 유년 시절을 떠올려 보면, 생물은 물속에서 탄소가 중합되면서 탄생했고, 땅으로 올라오면서, 어류, 양서류, 포유류, 조류 등이 되었다는 서사를 의심 없이 받아들였던 기억이 있다. 이 책은 물고기, 즉 '어류라는 분류는 타당한가?'라는 질문을 던진다. 현대과학에서 진화론적 친연성을 기준으로 분류하는데, 이런 기준에서 보면 타당하지 않은 개념이라고 한다. 생각건대, 물속에서 서식하는 서식지의 공간으로 생명을 구분하는 것이 타당해지려면, 땅에 사는 것은 모두 육류라는 분

류가 있어야 할 것이다. 즉, 고등어와 고래가 친연성이 있어야 하며, 인간과 메뚜기도 친연성이 있어야 한다.

이 책에서 집중적으로 조명한 데이비드 스타 조던은 19세기 어류 분류학자로, 어류의 약 5분의 1을 분류해 낼 만큼 학문적 업적이 높았던 인물이다. 자연에 질서를 부여하려는 남다른 집착이 있었다. 학문적 업적으로 인해 스탠퍼드 대학의 초대 총장에까지 오르는 등 큰 사회적 지위를 얻었지만, 우생학의 신봉자였다. 그는 미국에서 정치적으로 사회적 약자와 소수자를 탄압하는 데 앞장섰다.[48]

가난, 범죄, 질병 등을 유전적 문제로 간주하고, 그들의 유전적 특성이 인류의 발전을 저해한다고 믿었다. 이를 근거로 장애인, 빈곤층, 정신질환자에게 강제 불임수술을 시행하는 정책을 지지했다. 세계 최초로 1907년 인디애나주에서 처음 법제화되는데 조던이 큰 영향을 미쳤다.[50] 실제로 1974년 법률이 폐지되기 전까지, 33개 주에서 약 6만 5,000명이 강제 감금 및 불임수술을 받았다. 이 정책은 이후 독일 나치의 인종차별 정책에 영향을 미쳤다고 평가된다.[51]

작가는 데이비드 스타 조던이

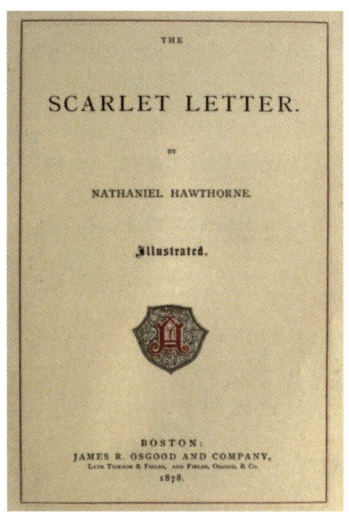

J. R. Osgood and Company, 1878,
Wikimedia Commons, Public Domain

그토록 몰두했던 어류에 대한 분류에 허상이 있었듯이, 인간이 자연에 임의로 부여한 질서와 범주가 얼마나 편협할 수 있는지를 이야기했다. 인공지능 시대에도 데이비드 스타 조던의 망령이 재탄생할 수 있다. 과학의 깃발 아래 인공지능을 과신하다 보면, 인공지능은 잘못된 인간의 설계에 의해서 우리의 생체 신호, 의사와 감정의 표현, 행동에 왜곡된 질서를 부여할 수 있다. 따라서 우리는 역사 속에서 그토록 고통받았던 편견과 차별의 주홍 글씨 낙인을 인공지능에게 맡기는 것은 아닌지 경계할 필요가 있다.

창작자

저작권법에 따르면, 저작자는 자연인만이 인정이 된다. 현재 법률상으로는 인간만이 창작하고, 지식재산 권리의 원천적인 주인이 될 수 있다.[52] 2022년 미국 저작권청에서 인공지능이 생성한 미술 작품 〈A Recent Entrance to Paradise〉의 저작권 등록이 거부되었다.[53] 하지만 생성형 AI가 보편화되고 인공지능의 결과물 수준이 지속적으로 향상됨에 따라, 인간 고유의 영역으로만 알고 있었던 창작활동에 대한 인공지능의 도전은 더욱 거세지고 있다.

2024년 9월, 미국 노스캐롤라이나에 소재한 대중 작곡가의 집에 FBI가 긴급 출동했다. 작곡가 마이클 스미스(Michael Smith)가 생성형 AI를 활용해 음원을 대량으로 제작하고, 이를 스트리밍 플랫폼에서 부정하게 저작권료를 착복한 혐의를 받았기 때문이었다.[54] 유괴범도 테러범도 아닌데, FBI가 출동하고, 뉴스에 얼굴이 공개되었다.

요즘은 누구나 생성형 AI를 통해 음원을 손쉽게 생성하고 있고, 누구나 상상으로는 한 번쯤 생각해 볼 법한 일을 한 것도 같은데, 과연 어떤 범죄를 저지른 것일까?

구체적으로 살펴보면, 생각보다 심각한 중범죄를 저지른 것으로 보인다. 최대 60년의 징역형에 처해질 수 있다고 한다. 언론을 통해 알려진 사실에 따라, 하나씩 범죄혐의를 살펴보면 다음과 같다.

WBTV 뉴스 편집, 2024년 9월 5일, Fair Use Purpose

작곡가 마이클 스미스는 2017년부터 인공지능 음악 회사와 협력해서 대량의 음원을 생성할 수 있게 되었다. 품질은 그리 좋지 않았다고 한다. 그는 인공지능 기술을 이용해 작곡 능력을 향상시키겠다거나, 양질의 생성형 AI 프로그램을 만들어 보겠다는 생각보다 다른 위험한 유혹에 빠졌다. 그는 이 프로그램을 통해 수천 개의 음원을 생성하고, 가상의 아티스트 이름으로 나누어 온라인 스트리밍 플랫폼에 등록했다.

저작권료는 가상의 아티스트가 소속된 SMH 엔터테인먼트라는 법인을 설립하고, 이 법인의 은행 계좌를 개설해 지급받았다. 수익을 극대화하기 위해 자동 스트리밍 봇을 사용하여 반복적으로 재생 횟수를 부풀렸다. 그 결과 52개의 서비스 계정에서 20개의 봇으로 하루 평균 636곡에 대해 66만 1,000건의 스트리밍을 수행하여, 총 1,000만 달러의 로열티 수익을 탈취했다.55

이는 금융시스템을 악용하여 불법 수익을 은닉하는 자금 세탁(money laundering)이라는 중대한 범죄에 해당한다. 자금 세탁은 국제범죄, 단체범죄, 테러와 직접적으로 관련될 수 있기에 연방법과 주별로 강력한 형법이 제정되어 있다. 최대 20년 징역형이 가능하다.56

또한, 그의 행동은 전자적 통신 수단을 부정하게 사용한 전신 사기(wire fraud)에도 해당한다. 전신 사기는 미국 전역 나아가 국제 사회에 영향을 미치기 때문에, 연방법 18 USC 1343에 의해 규율되는 심각한 사기 범죄로 분류된다. 최대 20년 징역형이 가능한 중범죄이다.57

어디서부터 어떻게 잘못된 것일까? 이 사건은 우리에게 여러 면에서 중요한 시사점을 준다. 근본 원인이 무엇인지 찾아보기 위해 이 사건이 발생할 수 있었던 배경을 다음과 같이 나열하고, 하나씩 살펴보겠다.

1. 인공지능으로 대량의 창작물 생성이 가능해졌다.
2. 회원제 스트리밍 플랫폼은 재생 횟수로 저작료를 분배한다.
3. 불법적인 작업을 수행해 주는 인공지능이 가능하다.
4. 저작자는 자연인만 인정된다.

첫 번째, 생성형 AI 기술의 발달로 인해 대량의 창작물 생성이 용이

해진 것이 사건의 시작점이지만, 그 자체가 문제가 되는 것은 아니다.

두 번째, 회원제 스트리밍 플랫폼은 음원마다 비용을 청구하지 않고, 일정 회비를 지불하면 무제한으로 음원을 재생할 수 있다. 그리고 플랫폼 전체 수익에서 재생 횟수에 비례하여 저작권자에게 로열티를 지불하는 구조이다. 그러나 마찬가지로 이러한 비즈니스 모델이 문제 되는 것은 아니다. 다만 플랫폼들이 자동 스트리밍 봇을 감시하고 있었음에도, 8년이 넘도록 이 범죄를 찾아내지 못했다는 점이 문제이다. 마이클 스미스는 정상적인 스트리밍으로 위장하기 위해서 네트워크 접속 주소 및 위치 기반의 패턴을 무력화하는 VPN(가상 사설망, Virtual Private Network)과 분산된 곡, 자동화 봇(bot), 계정의 조합을 사용했다고 한다.58

그러나 이 사건의 문제의 핵심은 자동 스트리밍 봇이 아니라 저작권 침해가 없는 인공지능 생성 음원을 대량으로 생성해서 이를 악용한 데 있다. 저작자가 있었으면 신고를 당했거나, 곡의 수가 작으면 재생 수가 눈에 띄지 않을 수 없었다. 실제로 덴마크에서 한 남성이 기존 아티스트의 음악을 템포와 길이만 변경하여, 자동 스트리밍 봇으로 재생 횟수를 조작하다가 아티스트에게 발견되어 신고를 당했다. 그는 총 3억 원 정도밖에 수익을 못 냈지만, 한때 덴마크에서 로열티 수익 46위를 기록하기도 했다고 한다.56 인공지능이 생성한 결과물에는 의무적으로 디지털 마킹을 붙여 인간의 창작과 구분되도록 하는 게 바람직할 것 같다는 생각이 든다.

세 번째, 자동 스트리밍 봇을 인간이 범죄행위에 적극 활용했다. 그리고 봇은 아무 말이 없었다. 이 사건에서의 봇은 단순 프로그램에 가까웠지만, 가까운 장래에는 고도의 인공지능이 범죄에 활용될 수 있다는 것을 의미한다. 아마 요리조리 증거를 계속 조작하며, 감시망을 피해 다닐 것이다. 인간의 불법적인 지시를 따르지 않도록 대책이 필요하다.

네 번째, 자연인만 저작자로 인정되기 때문에, 인공지능이 생성한 음원은 자신의 이름으로 등록했어야 했다. 그러나 마이클 스미스는 스트리밍 플랫폼의 감시 시스템을 회피하기 위해 음원들을 많은 수의 차명으로 나누어 등록했다.

애초에 인공지능에게 저작자의 권리를 주고, 인공지능 소유자에게 저작료를 주었다면, 이런 부조리가 발생하지 않았을까? 일단 마이클 스미스는 저품질 음원을 창출하여 재생수를 부풀리는 방법으로 수익을 탈취했으니, 애초에 인공지능 명의로 등록을 했다고 해도 상황은 달라지지 않는다. 본인의 이름으로 등록하는 것과 다르지 않은 결과이다.

만약 인공지능 기술로 고품질 음원이 창출된다고 가정해 보자. 그렇다면 오히려 문제가 심각해진다. 재생 수를 부풀릴 필요는 없어지겠지만, 음원의 홍수 속에서 창작자는 의욕을 잃고, 밀려나고, 인공지능 시스템 소유자가 창작 시장을 지배할 것이기 때문이다. 창작자가 보상을 받지 못하는 것이 얼마나 위험한 상황인지 우리는 아직 정확히 알지 못한다.

인간은 창작에 대한 인센티브가 필요하다. 근대사회에서부터 저작물에 대해 독점적인 권리를 부여해 온 것은 인간의 창작 의욕을 고취하기 위함이었다. 미국이 독립전쟁에서 승리한 이후, 1787년 필라델피아에서 열린 제헌 회의(Constitutional Convention)에서 저작자와 발명자의 권리를 헌법에 최초로 명시했다.59

"의회는 저작자와 발명자에게 그들의 저작물과 발명에 대한 독점적 권리를 일정 기간 보장함으로써, 과학과 유용한 예술의 진보를 촉진할 권한을 가진다."

미국의 건국자들은 산업혁명 기술이 광활한 국토에 독립국을 세우기 위해서 국방과 경제에 얼마나 중요한지 알고 있었다. 기안자인 제임스 메디슨은 저작물과 발명에 대한 인센티브를 제공하여, 과학과 유용한 예술의 발전을 독려하고자 했다. 미국의 헌법은 지식재산에 대한 단단한 법률적 토대를 마련함으로써, 창의성에 대한 존중이 현재의 초강대국으로 성장하게 된 원동력이 되도록 했다.60

인공지능의 창의력은 인간 창작자로부터 가져온 것이다. 인공지능이 관련된 법률 이슈 중에 가장 뜨거운 감자는 ChatGPT나 Stable Diffusion과 같은 생성형 AI 학습 과정에서 저작물을 활용했는지, 활용했다면 그것이 저작권 침해에 해당하는지이다.

현재 미국에서 진행 중인 대표적인 인공지능 플랫폼의 저작권 분쟁 사건을 다음에 나타냈다.

Thomson Reuters v. Ross Intelligence[61]

원고	Thomson Reuters
피고	Ross Intelligence
현황	2025년 2월, 델라웨어 연방지방법원 Thomson Reuter 승소
쟁점	Ross Intelligence가 Westlaw의 법률 데이터베이스를 무단으로 사용하여 인공지능 법률 연구 소프트웨어를 개발했다는 혐의.

Getty Images v. Stability AI[62]

원고	Getty Images
피고	Stability AI
현황	2023년 1심 관할권 문제 및 증거 수집 단계
쟁점	Stability AI가 Getty Images의 약 1,200만 개 이미지를 무단으로 사용하여 Stable Diffusion을 훈련했다는 혐의. 원고는 저작권 침해 및 데이터 보호 위반 이슈

Andersen v. Stability AI[63]

원고	시각 예술가 그룹
피고	Stability AI, Midjourney, DeviantArt
현황	2024년 직접 저작권 침해 주장만 남아 소송 진행 중
쟁점	피고가 원고의 작품을 무단으로 사용하여 인공지능 모델을 훈련했다는 혐의. 초기 소송에서 광범위한 주장들이 기각되었으나, 훈련 데이터 사용에 대한 직접 침해 주장은 유지됨.

Authors Guild v. Open AI[64]

원고	Authors Guild 및 여러 작가
피고	Open AI, Microsoft
현황	2024년 집단 소송으로 통합됨
쟁점	Open AI와 Microsoft가 작가들의 저작물을 무단으로 사용하여 GPT 모델을 훈련했다는 혐의. 원고는 직접 저작권 침해와 부당이득을 주장.

New York Times v. Open AI[65]

원고	New York Times
피고	Open AI
현황	2025년 4월 저작권침해, 상표희석 이슈진행 결정
쟁점	Open AI가 뉴욕타임스의 기사 내용을 무단으로 사용하여 GPT 모델을 훈련했다는 혐의. 원고는 저작권 침해 및 기술적 보호 조치 위반을 주장.

로이터 2025년 4월 1일 기사[66]에 따르면, 최근 ChatGPT의 이미지 생성 도구를 활용하여 스튜디오 지브리 스타일의 AI 아트를 제작하는 열풍이 전 세계적으로 확산되면서, OpenAI의 챗봇인 ChatGPT의 사용자 수가 급증했고, 이로 인해 서버에 과부하나, 해당 기능이 일시적으로 제한되기도 했다고 전했다. 지브리사는 '센과 치히로의 행방불명', '이웃집 토토로' 등으로 유명한 미야자키 하야오가 이끄는 일본

애니메이션 스튜디오이다. 오픈 AI의 CEO 샘 알트먼은 자신의 트위터에 지브리 열풍으로 1시간 만에 100만명의 사용자가 추가되었고, 사상 최초로 주간 활성 사용자가 1억 5,000만 명을 돌파하여 서버 과부하가 왔다고 언급했다.

ChatGPT는 이용자가 업로드하는 어떤 이미지도 일본을 대표하는 지브리사의 애니메이션 작가 미야자키 하야오가 창작한 작품 스타일로 변환해 준다. 샘 알트만은 자신의 표현대로 사람들이 ChatGPT에서 이미지를 즐기는 모습을 보는 것이 매우 재미있었겠지만,[66] 미야자키 하야오의 마음은 편한지 모르겠다. 그가 2016년에 AI 애니메이션을 보고 했던 코멘트가 다시 회자되었다.[67]

"나는 이 기술을 내 작업에 전혀 통합하고 싶지 않다. 나는 이것이 생명 자체에 대한 모욕이라고 강하게 느낀다."

작품이 아닌 스타일에 대한 보호는 현재 저작권법상 애매한 부분이 있다는 의견[66]도 있지만, 인공지능 플랫폼에 대한 비판도 강하게 일어나고 있다. 어떤 그럴싸한 이유를 들더라도, 저작자를 소외시키는 것이라고 느껴지기 때문이다. 작가의 창작 세계관을 모방하는 것은 윤리적인 비난의 소지뿐만 아니라, 상표(브랜드) 가치를 희석시키는 상표 관련법 위반 혐의도 있다.[68] 앞서 소개한 바와 같이 미국에서의 분쟁 경과에 따라 2026년부터 판단 결과가 나올 것으로 보인다. 2025년 4월 《뉴욕타임즈》와 오픈 AI 분쟁에서 재판부는 직접 및 간접 저작권 침해에 대해 판단할 충분한 이유가 있다고 밝히면서, 오픈 AI

의 소송 기각 요청을 받아들이지 않았다.69

　미국에서 피소 중인 인공지능 플랫폼이 저작권자에게 맞서는 논리는 기본적으로 '공정 이용(fair use) 예외'의 적용이다. 공정 이용 예외는 첫째, 사용의 목적과 성격을 고려한다. 교육이나 연구와 같은 비영리에 활용하거나, 새로운 표현, 의미, 메시지를 주는 데이터의 변형(transformative)이 있어야 예외 가능성이 높다. 둘째, 침해된 저작물이 상용화된 것인지 혹은 공개되지 않은 것인지가 다음으로 중요하다. 상용화되지 않았거나 공개된 것이었어야 예외 가능성이 높다. 셋째, 학습에 사용한 저작물의 양, 넷째, 저작물의 시장 가치에 대한 영향이 고려 사항이다. 사용량이 적거나 원저작물의 시장 가치 하락에 미치는 영향이 적어야 예외 가능성이 높다.

　생성형 AI 플랫폼들의 경우, 첫째 영리활동에 사용하고 있고, 둘째, 상용화된 저작물을 활용했으며, 셋째, 저작물의 양이 많고, 넷째, 원저작물의 가치 하락에 미치는 영향이 지대하기 때문에 저작권 침해 예외를 인정받는 데 유리해 보이지는 않는다. 다만 관련된 분쟁의 증거와 쟁점별로 생성형 AI가 원저작물에 대한 복제나 재생산을 얼마나 했는지, 저작권자에게 얼마나 손해를 미쳤는지에 대한 판단은 달라질 수 있어, 향후 상당한 기간 동안 변동성을 가지며 논란이 될 것으로 보인다.

　생성형 AI 플랫폼이 가장 강조하고 있는 것으로 알려진 것은 첫째 조건인 인공지능을 통해 새로운 표현, 의미, 메시지를 주는 데이터의 변형이 발생하는지 여부이다. 인공지능 모델의 특성상 저작물 학습과 생성물과의 직접적인 인과관계가 없어서 데이터 변형이 있다는 주장이다. 다만 이 부분은 인공지능 학습 과정에서 저작권 침해 여부가 성립되는지에 대한 쟁점에 관한 것이며, 인공지능의 생성물에 관한 저작권 침해 쟁점과는 구분되고 있다.

독일의 한 방송국의 취재에 따르면, 이미지 생성형 AI 플랫폼인 Stable Diffusion이 독일의 비영리기관 LAION의 50억 쌍의 이미지와 텍스트 매칭 세트를 허락 없이 사용했다고 한다.[62] 다음 그림은 Getty Images가 Stable Diffusion을 통해 찾아낸 이미지 저작권에 대한 침해의 증거 중 하나이다.[62] 독자분들은 어떻게 보이는지 궁금하다. 새로운 표현, 의미, 메시지를 주는 데이터의 '변형(transformative)'이 있는지 생각해 보시기 바란다.

 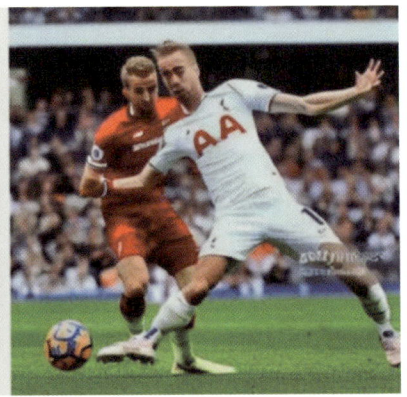

Getty Image가 찾은 Stable Diffusion의 침해 증거[62, Fair Use Purpose]

'변형'에 대한 판례70를 보고 다시 생각해 보자. 사진작가 린 골드스미스(Lynn Goldsmith)는 1981년에 가수 프린스를 찍은 사진을 400에 《베니티 페어(Vanity Fair)》라는 잡지사에서 사용하도록 허락했다. 《베니티 페어》는 골드스미스의 사진을 앤디 워홀(Andy Warhol)에게 주고, 실크 스크린 이미지를 제작하도록 의뢰했다. 워홀은 15개의 작품을 제작했다. 그러나 골드스미스는 당대에 저명했던 예술가인 워홀이 고가의 작품을 만들도록 허락한 적은 없기에, 뒤늦게 사실을 알고 소송을 제기했다. 다음 그림에 나타낸 두 작품을 보고, 변형(transformative)이 있었는지 생각해 보라. 재판부는 다음과 같은 결론을 냈다.

"단지 새로운 표현이나 미적 스타일을 부여했다는 것만으로는 변형적 사용(transformative use)으로 보기 어렵다. 특히, 원작과 동일하

공정 이용 변형이 인정되지 못한 앤디 워홀의 작품(우) [70, Fair Use Purpose]

거나 유사한 상업적 목적으로 사용된다면, 이는 공정 이용(fair use)을 정당화하지 못한다."[70]

이런 생각을 해 본다. 자율성을 가진 인공지능이 인간의 예술적 창작을 대체하게 되면, 혹시 창의력의 종말도 오는 건 아닐까? 인공지능의 창작물이 뉴노멀이 되면, 우리가 알던 창작물이 창의적으로 보일 것인가? 인간이 창의로움에 더 이상 도파민을 생성하지 못하는 세상은 어떤 세상일까? 인간이 창작하지 않는 세상에서 인공지능은 지속 가능한 창의력을 유지할 수 있을지 모르겠다.

2023년 5월부터 9월까지 미국작가조합(WGA, Writers Guild of America) 소속 헐리우드 작가들은 사상 최장 148일간 파업을 진행했다.[71] 스트리밍 플랫폼과 인공지능이 창작 노동을 위협하는 심각한 문제를 이슈화한 것이다. 배우조합과 동시 파업을 진행했다. 넷플릭스, 디즈니+, 애플 TV와 같은 스트리밍 플랫폼에서 기존 TV 계약에 비해 훨씬 적은 보수를 지급하고 있는 것과 스튜디오가 인공지능을 이용해 대본 초안 생성 및 편집에 활용하려는 것을 주요 쟁점으로 삼았다. 전미작가조합과 스튜디오연합 대표단 간의 협상은 "작가의 허락 없이 인공지능이 콘텐츠 대본 초안이나 수정에 이용될 수 없고, 만약에 사용될 경우, 작가가 저작권을 가진다."는 것으로 타결되었다. 플랫폼 사업자의 연봉 인상과 최소 작가 수 보장도 포함되었다.[71]

인공지능에게는 저작권자의 허락을 통해 지식재산권이 소진된 저작물을 학습하도록 해야 하고, 인공지능의 창작물은 지식재산권을 부여하지 않는 것이 하나의 방안이 될 수 있다. 인간은 인공지능의 창작물 위에서 더 진보한 창작을 할 수 있다.

만약 인공지능이 인간보다 창작의 권리에 앞서는 경우, 인간의 창의성은 인공지능에 종속되고, 자본에 종속되어 정신력이 도태되어 갈 위험이 크다. 특히, 창의성은 인간의 존엄성과 더 밀접한 관계가 있기 때문이다. 창의에서는 인간이 앞에 서고, 인공지능이 인간을 지원하는 것이 결국 공존의 방안으로 자리 잡을 가능성이 높다.

발명자

발명의 아이디어는 사람만이 낼 수 있다고 생각했다. 특허법 제33조에 따르면, 특허를 받을 수 있는 자는 발명을 한 사람, 즉 자연인만이 가능하다.[72] 다른 국가도 동일하다. 인공지능이 발명자가 되어도 될까?

필자가 대기업에서 근무할 당시 참가한, 2017년 여름 뉴욕 힐튼호텔에서 열린 미국 IPO(지식재산소유권자 협회) 콘퍼런스에서 "인공지능이 발명자가 될 수 있을까?"라는 토론이 있었을 때만 해도, 생성형 AI에 대한 개념은 알려지지 않은 시기였고, 가까운 장래에는 진지하게 고민할 수도 있겠다는 정도의 가십성이 있었다.

1996년 IBM 슈퍼컴퓨터 딥블루가 체스 세계 챔피언 가리 카스파로프에게 승리한 지 20년 만에 2016년 알파고가 이세돌을 바둑에서 이기는 퍼포먼스를 세상에 보여 줌[73]으로써, 빅데이터의 딥러닝 학습으로 인공지능이 가능하다는 것을 깨닫던 시점이었다. 전문가들은 구글이 엄청난 양의 문서를 학습하여, 문맥을 이해하는 BERT(Bidirectional Encoder Representations from Transformers)라는 자연어 처리 모델을 개발 중이라는 소문이 있는 정도였다.

하지만 2019년에는 인공지능을 발명자로 등재하려는 사례[74]가 발생하면서, 실제 상황이 되었다. 스티븐 탈러라는 인공지능 개발자가 '다부스'라는 이름의 인공지능이 인간의 개입 없이 발명했으니, 발명자가 되어야 한다고 주장한 것이다. 다부스(DABUS)는 'Device for the Autonomous Bootstrapping of Unified Sentience'의 약자로, 통합된 지각으로 자율적으로 학습하는 장치라는 의미이다. 인공지능에 대한 화제성 때문에 언론과 민관의 관심을 받으며, 유명세를 치렀다. 인간이 만든 기술이 스스로 기술을 만든다는 아이러니가 화제성에 한몫했던 것 같다.

하지만 각국 특허청은 현실적인 사건이므로, 진지하게 고민해야 했다. 미국, 유럽, 호주 등과 마찬가지로 한국 특허청도 예외일 수는 없었다. 설문조사 및 각계의 의견을 수렴하기도 했다. 인공지능 발명을 인정하면 기술 혁신을 촉진될 것이라는 찬성 의견도 있었고, 기술 독점이 심화하거나, 법적 책임 소재가 불분명하다는 반대 의견도 있었다. 필자는 KBS 뉴스와의 인터뷰에서 "인공지능에 지식과 경험을 제공한 연구자들의 보상을 받을 수 있는 권리가 약해질 우려가 있다는 점"을 설명했다.[75]

한국 특허청에서는 2022년 2월 발명자를 자연인으로 보정을 요청했고, 보정이 이루어지지 않아 출원 무효처분을 했다.[76] 이에 대해 다부스 출원인은 행정소송을 제기했지만, 2023년 6월 서울행정법원 1심에서 24년 5월 서울고등법원 2심에서 특허청의 승소로 마무리되었다.[77] 다른 국가에서도 마찬가지였었다. 미국, 유럽, 일본, 호주 모두 인공지능이 발명자가 될 수 없다는 취지로 일단락 되었다.[76]

만약에 인공지능의 발명자로서의 지위를 인정하게 되면, 연구자들의 소외가 예상된다. 한국의 경우, 80.2%[78]의 대다수 발명자들은 기관이나 기업에 소속되어 있는 종업원으로서, 직무발명의 보상을 받는 대신 출원인의 지위를 고용주에게 넘겨주는 시대에 살고 있다.

고용주 입장에서는 인간 발명자보다는 인공지능 발명자를 선호할 이유가 많다. 인간 발명자는 특허 출원, 등록 시 보상해야 하고, 해당 특허 기술을 적용할 때는 실시 보상을 해야 하며, 경쟁사로 이직할 수도 있다. 인공지능을 발명자로 인정하게 되면, 연구자들에게 데이터, 보고서, 노하우를 데이터베이스에 모으게 하고, 인공지능을 발명자로 앞장세울 가능성이 높다. 그런 이유로 연구자들은 인공지능의 그늘 밑에서, 데이터를 축적만 하는 신세로 전락할 수 있다.

특허제도는 자신의 발명을 세상에 공개하여 산업 발전과 혁신을 촉구하도록 하는 공적 이익과, 일정 기간 독점 배타적인 권리를 발명자에게 부여하는 사적 이익의 균형을 통해 운영되는 제도이다. 발명자의 사적 이익(인센티브)가 사라지는 상황에서, 기관과 회사와 같은 출원인의 이익만으로 특허 제도가 운영될 수 있을지 의문이다.

이 시간에도 한편에서는 인공지능이 연구자의 두뇌뿐만 아니라 손발까지도 대체할 수 있는 스마트 연구실이 개발되고 있다. 제조 공장뿐이 아니라 연구자들의 연구실에도 진출할 준비를 하고 있다.

카네기멜론대학교(Carnegie Mellon University)의 연구자들은 AI 시스템인 Coscientist를 개발하여, 실험 계획 수립, 화합물 합성, 액체 처리 장비 제어 등을 포함한 실험 전 과정의 자동화에 성공했다.[79]

MIT 연구실에서는 CRESt(Copilot for Real-world Experimental Scientist)라는 AI 기반 실험실 보조 시스템을 개발하여, 실험 설계부터 장비 제어, 데이터 분석까지의 다양한 기능을 자동화했다.[80] 국내에서도 한국과학기술연구원(KIST)은 AI와 로봇 기술을 접목하여 나노소재를 자동으로 합성하고 실험을 수행하는 스마트 연구실을 개발한 바 있다.[81]

어쩌면 인공지능은 발명이나 창작보다 데이터 수집, 정리, 분석, 데이터를 정보로 변환, 이를 추론하여 자연어로 보고서나 논문으로 작성하고, 데이터베이스화 하는 것을 더 잘할지 모른다. 나아가, 연구 기획, 목표 설정, 일정 수립, 실험 계획의 수립과 워킹 시트 생성이 가능하고, 이에 대해 몸을 움직여 실험을 직접 수행할 수도 있다. 인간보다 끈기도 있고, 정밀하다. 연구자보다 비용이 적게 소모되는 시점이 올 것이다.

예술적 창작과 마찬가지로 연구나 발명의 영역도 단순히 효율성, 생산성이 기반되는 것이 아니라, 창의성과 관련이 있고, 인간의 존엄성과 밀접한 관련이 있다. 특히, 윤리적 이슈도 얽혀 있다. 예컨대, 인간의 지시를 받아, 인공지능이 어디에선가 숨어서 태아의 우성 형질 발현을 연구하게 될지 모른다. 연구자 또는 발명자가 사라지거나 부족한 세상에서, 인공지능의 힘만으로 지속 가능한 발전을 할 수 있을지는 의문이다. 인간이 앞장서고, 인공지능이 지원하는 공존의 방향이 필요하다.

상표

인공지능기술을 이용하여 상표 침해를 적발하고, 위조 상품을 모니터링하는 서비스가 상용화되었다.[82,83,84] 온라인 쇼핑의 비중이 커지면서, 상품의 정보와 이미지가 노출되어 있어, 이미지 학습 모델을 이용하면 상표를 도용하거나 유사 상표를 사용하고 있는 것을 적발할 수 있다. 상표 출원 전에 선행 유사 상표를 조사하는 과정에서도 활용할 수 있다.

상표와 관련된 인공지능 기술이 발전했기 때문에, 가까운 장래에 발생할 몇 가지 법률 이슈를 검토해 볼 필요가 있다.

첫째, 현행 상표법[85]은 상표로 등록되기 위해서는 "자연인에게 식별력이 있는" 상표일 것을 요구하고 있다. 인공지능이 식별하는 능력은 인간보다 뛰어나기도 하고, 증강현실 기술의 도움으로 인간의 시각적 분별력이 향상될 수 있기 때문에, 상표의 식별 기준을 자연인 기준으로 고정한 것을 탈피할 필요가 있을지 모른다.

예컨대, 전자인간이 AI 에이전트로서 인간을 대신하여 보고, 듣고, 말하는 세상에서 전자인간의 식별하는 상표가 중요해지게 되고, 그 식별 범위는 인간은 맨눈으로 구별할 수 없는 형상적 차이거나 가시광 영역을 벗어난 파장대의 표시일 수도 있다.

둘째, 쇼핑몰 등에서 보편화된 인공지능 추천 알고리즘에 관한 것이다. 만약 허위 또는 침해 가능성을 알거나 충분히 알 수 있는 상황에서 위조 상품이나 브랜드를 쇼핑몰에 노출하거나, 반대로 위조 상품을 교묘히 숨기도록 설정하는 경우가 있다면, 해당 행위에 대해 상표권 침해의 고의가 있었는지를 추정해 볼 수 있다.

셋째, 만약 생성형 AI 에이전트가 자율적으로 상품의 이미지를 구축하거나 쇼핑몰 페이지를 구축했는데, 그것이 타인의 상표를 침해했다면, 누가 책임을 져야 할지가 문제된다. 상품 판매자일지, 인공지능 개발자일지 책임 소재의 문제가 발생한다.

상표 침해는 민사적인 손해배상뿐만 아니라, 형사적인 책임을 질 수 있다. 상표법[85] 제230조에 따르면, 상표권을 침해한 자는 7년 이하의 징역 또는 1억 원 이하의 벌금에 처할 수 있으며, 고의적이고 악의적인 침해가 있을 시에 최대 3배까지 징벌적 손해배상 적용이 가능하다. 친고죄가 아니므로, 상표 경찰이 임의로 수사할 수 있고, 고소가 취하되더라도 처벌이 가능하다.

앞서 소개한 완전 자율주행차의 경우와 마찬가지로, 인공지능 에이전트의 업무 범위에 속하는 한도 내에서는 자율성이 있어서, 여전히 현실적으로나, 법리적으로 상품 판매자나 개발자가 1차적인 책임을 부가하기 어려운 점이 발생할 수 있다. 물론, 감독의 책임이나, 제조물에 대한 책임과 같은 2차적인 책임 또는 부진정 연대책임과 같은 공동 책임을 피할 수는 없을 것이다. 전자인간이라는 법인격의 존재가 필요한 이유가 상표제도에서도 발견된다.

3장. 전자인간의 보호

AI 에이전트와 대리인

　인공지능은 인간의 자연어뿐만 아니라 음성, 이미지, 동영상 등 다양한 형태의 데이터를 인식하고, 표현하는 멀티모달 커뮤니케이션을 할 수 있게 발전했다. 고성능 컴퓨팅 파워와 통신 기술을 바탕으로 복잡한 과업을 실시간으로 처리하는 능력도 가지게 되었다.
　사용자에게 정보 제공자의 역할을 넘어서, 과업을 실질적으로 실행하는 AI 에이전트 시대가 올 수 있게 된 것이다. 인간의 개입 없이도 다른 인공지능 에이전트나 인간과 협력하여 과업을 수행하거나, 일정한 범위에서 자율적인 의사결정을 내릴 수 있다. 즉, 사용자의 지시에 따라서 또는 사용자의 수요를 자발적으로 파악하여 목표를 설정하고, 그 목표를 달성하기 위해 인간을 대리한 활동을 수행할 수 있다. 에이전트라는 이름이 붙은 이유이다.

인간이 요구하는 목적을 위해서 주어진 자원을 바탕으로 사용자의 사무를 대신 수행할 것이다. 예컨대, 티켓이나 레스토랑을 예약하거나, 물건을 대신 사고팔 수 있다. SNS에 답변을 달거나, 지인에게 안부를 전달할 수도 있다. 개인 비서이기도 하고, 제2의 자아이기도 하다. 문서나 영상을 업로드하며, 상품이나 사업을 홍보하거나, 고객의 질문에 답변할 수도 있다. 일상적인 일도 하고, 전문적인 분야에 특화된 업무를 수행할 수도 있다. 일 잘하고, 보고도 잘 하는데, 불평도 없고 충성도는 100%인 나만의 스태프가 생기는 것이다.

그러나 대리행위의 본질은 본인을 대리하여 법률행위를 수행하는 것이므로, AI 에이전트가 여행 티켓을 구매했다면, 상대방은 사람이 아니라는 이유로 임의로 계약을 취소할 수 없다. 계약이 온전하게 성립되어야 한다. 사용자의 완벽한 통제하에 계약했다면, 인공지능이 왜 필요하겠는가. 사용자가 요구한 목적, 조건, 자원 범위 내에서 알아서 법률행위를 해 줘야 의미가 있다.

글로벌 빅테크들이 앞을 다투어 AI 에이전트 제품을 준비하고 있다.[86] 아마존은 2025년 3월 일부 개발자를 대상으로 AI 에이전트 '노바 액트'를 공개했다. 웹사이트에서 스스로 쇼핑이나 예약, 문서 작성을 할 수 있다. 구글은 2025년 4월 '구글 클라우드 넥스트 2025' 기조강연에서 '참여형 AI 에이전트' 기능을 소개했다. 카메라에 화분을 보여 주자 AI 에이전트가 적합한 흙과 비료를 추천하고 조경 서비스를 안내했다. 오픈AI는 2025년 3월 인터넷을 검색하고 식료품 주문, 보고서 작성 등을 자율적으로 할 수 있는 AI 에이전트 오퍼레이터를 공개했다. 마이크로소프트(MS)는 2025년 4월 간단한 명령만으로 식당 예약 및 최저가 구매 링크를 안내하거나 결제까지 하는 코파일럿 액션 기능을 발표했다.

아직까지는 법률행위보다는 일련의 작업을 시리즈로 진행하는 데 집중하고 있다. 초기에는 특정 플랫폼 내에서만 작동하는 AI 에이전트가 시도될 것이다. 예컨대, 아마존 플랫폼 내에서 탑재된 AI 에이전트를 통해 각종 상품을 구매할 수 있게 될 것이다. 향후에는 AI 에이전트가 활동할 수 있는 무대가 사업자 간 제휴를 통해 확장할 것이다. 하지만 궁극적으로는 모든 사업자와도 법률행위를 할 수 있도록, 활동 범위를 확장해 주는 것이 필요하다. AI 에이전트에게 거래에 대한 법인격을 제도적으로 부여하면 된다. 전자인간이 탄생하는 이유이다.

AI 에이전트가 본인이 다소 만족하지 못한 거래를 했다고 하더라도, 계약은 취소할 수 없다. AI 에이전트가 활성화된 전자상거래에서는 통상적으로 본인과 대리인이 외형적으로 식별되지 않을 것이다. 다만 거래의 상대방도 AI 에이전트가 될 수 있으므로, 계약의 의사 합치에 오류가 발생한다면, 어느 쪽 오류인지는 기록을 보고 시시비비를 따져 보면 된다. 만약, AI 에이전트가 본인이 설정한 범위를 넘어서는 행위를 했다면, AI 에이전트에게 책임을 물으면 된다.

자율주행 자동차가 사고가 난 경우와 유사하다. 사건이 발생했을 때, 상호 행위에 대한 책임을 따져보면 되고, 보험회사가 개입하면 된다. 자율주행 자동차의 교통사고처럼 내재적인 원인보다는 거래 행위 과정의 외관을 중심으로 판단하면 된다. AI 에이전트에 법인격을 부여하면 이처럼 편리해진다.

AI 페르소나

우리는 '온 디바이스 AI'와 '휴머노이드' 기술과 함께 'AI 페르소나' 사회를 향하고 있다.

온 디바이스 AI

온 디바이스(on device)는 데이터센터 클라우드 의존성에서 벗어나, 내가 점유하고 있는 네트워크 말단의 디바이스에서 독립적으로 개인정보, 영업비밀, 경험 정보를 보안 관리함으로써, 데이터 프라이버시를 유지하는 개념이다. 고성능 인공지능 마이크로프로세서, 광대역 메모리, 경량 알고리즘 개발과 밀접한 상관성을 가지며, AI 페르소나 탄생에 중요한 촉매가 되는 기술이다.

온 디바이스 인공지능이 활성화되려면, 대용량 연산을 위해 휴대용 GPU(그래픽 처리장치) 서버나 인공지능 전용 NPU(신경망 처리장치) 칩셋이 필요하다. 데이터 생성 지점에서 바로 처리하는 에지(Edge) 컴퓨팅시 지연(latency) 없이 작동되기 위해서는 인공지능 모델도 경량화되고, 전력 소모량도 적어야 한다.

데이터가 클라우드로 전송되지 않고, 사용자가 직접 관리하는 디바이스에서 처리되므로, 개인정보 유출의 위험이 낮아지고, 심리적으로 안정된다. 고속 네트워크 환경이 제한적인 상황에서도 문제없이 안정적으로 동작할 수 있게 된다.

현재 온 디바이스 AI는 스마트폰에서 생체인식 및 개인정보를 활용하는 것, 웨어러블 기기에서 헬스케어 데이터를 처리하는 것, 가전기기에서 사용자 맞춤형 데이터를 활용하는 것 등이 있다. 하지만 아직까지는 인공지능 모델 자체가 거대하기 때문에, 온 디바이스에 한계가 있고, 따라서 정보 보호에 대한 한계가 있다. 온 디바이스와 클라우드의 역할 분담과 상호 커뮤니케이션 과정에서의 암호화 또는 비식별 정보처리 기술을 발전시켜 온 디바이스화를 활성화할 필요가 있다.

엔비디아는 2025년 GTC 컨퍼런스에서 블랙웰 울트라 아키텍처를 통해 AI 추론 성능을 최대 11배 향상시켰고, 에이전트 AI와 피지컬 AI를 지원하기 위해 GR00T N1 모델을 통해 실세계 환경에서 성능을 40% 향상시켰다고 발표했다.[87] 퀄컴은 2025년 모바일 칩셋에 최적화하여 전작 대비 성능 및 전력효율성이 45% 향상된 NPU(신경망 처리장치) 스냅드래곤 8 Elite를 발표했고,[88] 브로드컴은 엔비디아의 GPU에서 자유로울 수 있도록 구글, 메타, 오픈AI, 애플과 같은 빅테크의 개별 목적에 맞추어 설계한 ASIC(주문형 반도체) 시대가 올 것을 증명해 보이고 있다.[89]

한국의 대표적인 AI 반도체 팹리스기업인 '딥엑스', '리벨리온', '퓨리오사 AI'은 각각 삼성, SK하이닉스와 협력하여, 글로벌 TOP 수준의 초저전력 고성능 NPU(신경망 처리장치)를 선보이고 있다. 퓨리오사가 데이터센터 시장을 좀 더 타겟하는 한편 딥엑스와 리벨리온은 온

디바이스 시장을 정조준하고 있다.90

휴머노이드

우리가 사는 문명사회는 인간이 활동하기 적합하게 디자인되어 있다. 인간의 역할을 대체하기 가장 적합한 로봇의 형태를 인간 체형을 모사한 휴머노이드로 예상하는 이유이다.

휴머노이드 로봇에 필요한, 안정적인 이족 보행, 5개의 손가락을 가진 그리퍼(gripper), 시각, 온도, 압력 인지, 하루 종일 작동할 배터리까지 근간이 되는 기술개발에 박차를 가하고 있다. 특히, 섬세한 손가락 작업에 대한 자유도 향상 부문에서 기술 경쟁을 펼치고 있다.91 전자인간은 에너지는 휴대폰처럼 인간이 일일이 충전관리하는 것이 아니라 스스로 에너지 부족에 대한 자기 인식으로 미리 충전해 놓은 배터리를 직접 교환하는 방식도 검토되고 있다.92

테슬라는 일반적인 반복 작업 수행이 가능한 휴머노이드 옵티머스를 2025년부터 5,000대 생산하기 시작하여, 2026년에 판매할 계획을 밝혔다.93 테슬라 전기차의 반값 이하(2만~3만 달러)를 목표 가격으로 준비하고 있다. 한편 2025년 중에 고가의 라이다가 아니라 카메라 센싱으로 완전 자율주행 기술(FSD, Full Self-Driving)을 완성하고, 텍사스 오스틴에서는 로보택시 서비스를 시작할 것을 예고했다. 테슬라는 전기차 부분 자율주행을 통해 그간 확보한 독보적 AI 기술력, 로봇 공장 기가팩토리에서 축적한 실전 경험, 옵티머스에 대한 자체 구매력을 종합하여 큰 시너지를 낼 수 있기 때문에, 휴머노이드 시장에서 선두 주자가 될 것으로 평가받고 있다.

한편 2015년에 미국 오리건주립대학교에서 분사된 어질리티 로보틱스(Agility Robotics) 사[94]는 아마존의 대형 물류 공장과 포드사에서 진행했던 협력 테스트를 기반해서, 2025년도에 상용화 모델을 출시할 계획이라고 밝혔다. 미국 피규어(Figure) 사[95]는 BMW 공장에서 이미 일부 작업을 대체하고 있고, 향후 10만 대의 로봇을 공급하기로 계약을 체결한 바 있다. 이후 2025년에는 가정용 로봇시장 진출을 계획하고 있다.

중국 기업의 도전도 만만치 않다. 자율주행차 사례와 같이, 휴머노이드의 경우에도, 정부 주도의 보조금, 세제 혜택, 규제 완화의 지원을 받아, 상용화를 빠르게 진행하고 있다. 중국은 한때 세계의 공장으로 불렸던 만큼 작업 로봇이 필요한 수요처를 많이 확보하고 있어서 시행착오를 거치더라도 중저가 내수시장을 빠르게 공략하려는 전략이 있는 것 같다.

유비테크(UBTech) 사[96]는 워커(Walker)라는 로봇으로 중국 아우디 자동차 생산라인의 에어컨 냉매 누출 감지 업무에서 필드테스트를 마쳤고, BYD, Foxconn과 같은 주요 제조업체로부터 선주문을 받았다고 홍보한 바 있다. 유니트리 로보틱스(Unitree Robotics) 사[97]는 가장 저렴한 가격에 자유도 높은 작업 수행이 가능한 점을 어필하며 양산을 준비하고 있고, 두봇(Dobot) 사[98]는 2025년을 목표로 산업 및 가정용 로봇을 출시할 계획이라고 밝혔다. 중국의 정치, 사회, 경제 특성을 감안할 때, 향후 팩트체크를 지속적으로 진행해 볼 필요가 있다.

한편 일본의 로봇 기술은 시대를 앞서갔으나, 상용화에 성공하지 못해 지금까지 명맥을 유지하지 못했다. 휴머노이드의 선구자인 혼다(Honda)사는 2000년 아시모(Asimo) 첫 모델이 공개된 이후에 인간과의 감정인식과 소통에 초점을 맞추며 높은 기술력을 주도했으나, 산업용 로봇과 달리 실용성이 낮아 2018년에 개발을 중단했다.[99] 소프트뱅크 또한 2014년에 '페퍼'를 출시하여, 병원, 매장 등에서 고객 응대와 간단한 업무에 활용했지만, 기본적인 대화와 이동 정도를 할 수 있는 기능적 한계로 인해, 시장을 확장하지 못하고 2021년에 생산 중단했다.[100]

독일의 뉴라 로보틱스(Neura Robotics) 사[101]는 2019년 설립되어, 1억 2,000만 유로의 투자를 유치했으며, 엔비디아 아이작(Isaac) 플랫폼을 활용해 제조 산업용 로봇 개발에 속도를 높이고 있다. 노르웨이 1X사[102]는 2014년에 설립되어, Open 인공지능, 삼성 등과 연계하여 2024년 1억 달러 자금을 유치했으며, 산업용뿐만 아니라 가정용 로봇을 설계하고 있다.

앞서 우리는 인공지능이 자율주행 운전자, 발명자, 창작자로서의 위상에 챌린지하고 있는 현황에 대해 고찰해 보고, 전자인간의 탄생이 예고되는 가운데, 인간과의 공존의 방향을 탐색해 보았다. 생성형 AI 기술에 힘입어, 인공지능과 인간의 지식 및 감정 소통의 양과 질의 확대가 진행되는 가운데, 온 디바이스와 휴머노이드 기술이 결합되면서, 페르소나를 가지는 AI 기술 방향으로 발전하고 있다.

인간은 인공지능에게 어떤 페르소나를 기대하고 있을까? 사회적 페르소나와 개인적 페르소나로 나뉘어 생각해 볼 수 있다. 첫 번째, 사회적 페르소나란 인간의 사회적 역할수행을 모사하는 것을 의미한다. 가수, 영화배우, 아나운서와 같은 방송인이나 선생님, 교수, 코치, 의사, 변호사와 같은 전문가 등이 가능성이 높다. 이미 텔레마케터 직종, 안내직, 사무 보조직, 전문가 지원직에서는 인공지능의 활용이 시작되고 있고, 중간 관리자나 최고 관리자 역할에도 적용 가능성이 있다는 의견도 있다. AI 플랫폼 제공업체 데이터이쿠(Dataiku)가 실시한 설문조사에 따르면, CEO의 94%는 AI 에이전트가 비즈니스 결정에 있어 이사회 구성원과 비슷하거나 더 나은 조언을 제공할 수 있다고 보았다.[103]

두 번째로 가족, 친구, 연인과 같이 개인적 페르소나를 기대해 볼 수 있다. 편리한 과학기술 매체가 발전됨에 따라, 우리는 타인과 대면할 기회를 잃어 가고 있다. 메일, 메시지, SNS, 스마트폰 앱, 키오스크, 무인매장 등 디지털 시대에 편리해지는 만큼, 고독과 외로움은 커지고 있다. 인공지능은 우리 인간의 곁을 항상 지키며, 개인적인 일상 가사를 챙겨 주고, 지성적으로나 감성적인 공백까지 채워 주는 친구, 연인, 가족의 존재가 될 준비를 하고 있다. 특히, 디지털 가상 세계에서만이 아니라 인간처럼 물리적으로 대면할 수 있는 존재감을 가지고 다가오고 있다.

반려로봇

반려동물을 양육하고 있는 인구는 어느 정도 될까? 2024년 대한민국에서 반려동물을 키우는 양육가구의 비중은 28.6%가 된다고 한다.[104] 그리고 반려동물 개체수가 지난 5년간 2.5배 증가할 정도로 가파른 증가세에 있다. 미국, 유럽 국가의 반려동물 양육 비율은 훨씬 더 높다(미국[105] 약 71%, 유럽[106] 약 50%).

반려동물은 현대사회에서 많은 사람들에게 고독한 마음을 채워주는 존재로서, 가족과 다름없는 위상을 차지하고 있다.

국내 반려동물 시장의 경우, 2025년 기준에 약 10조 원(연평균 성장률 14.5%)[107] 규모이다. 미국의 약 209조 원(연평균 성장률 5.06%)[105], 유럽의 약 108조 원(연평균 성장률 5.08%)[108] 시장보다는 작지만, 주얼리 산업, 화장품 산업, 커피 산업, 게임 산업과 유사할 정도로 큰 규모의 시장으로 성장했다. 반려동물 입양시장이 성장함에 따라 자연스럽게 애완동물 사료(pet food), 애완동물 돌봄(pet care) 등의 파생 시장도 큰 성장 추세에 있다. 예컨대, 프리미엄 제품의 수요, 온라인 유통, 친환경 제품, 맞춤형 구독 서비스의 형태로 활성화되고 있다.[107]

그렇다면 인간은 전자인간과 일상을 함께 함으로써 그들로부터 실질적인 도움을 받으면서도, 정신적인 위로도 받을 수 있을까? 가족이 해 주거나 해 주지 못한 역할, 반려동물이 해 주거나 해 주지 못하는

Creative Commons, CC0 1.0

역할을 전자인간이 제공해 줄 수 있다면 얼마나 큰 사회 경제적 파급효과를 가져올 지 상상할 수 없을 정도이다.

전자인간은 반려로봇으로서 다음과 같은 특별한 장점이 있다.

첫째, 무한한 공감대이다. 반려로봇은 고차원적인 인간의 언어를 구사할 수 있다. 생각과 행동의 깊이 면에서 인간의 가족 구성원들 보다 더욱 풍부한 지지를 받을 수도 있다. 나에 관련된 모든 글, 이미지, 영상 데이터를 이해하고, 타인과의 대화를 모두 알고 있는 현명한 존재에게 지지를 받으면 어떤 느낌이겠는가? 무한히 인내심이 있고, 너그러우며, 내가 희망하는 모든 표현을 해 줄 수도 있다. 추상적인 지지만 하는 것이 아니라 실질적으로 집안일, 간병, 돌보미 역할을 수행해주거나, 함께 식사, 여행, 산책, 운동도 같이 할 수 있는 존재이다.

무한한 공감대에는 관계의 독점성도 포함된다. 사랑하는 배우자나 부모 자녀 관계라도, 자존심이 상해 싸우기도 하고, 섭섭하거나 배신감이 들기도 한다. 정도에 따라 배우자와 헤어지기도 하고, 부모, 자식 간 천륜을 거스르기도 한다. 많은 사람들이 반려동물을 좋아하는 이유가 인간보다 충성스럽기 때문이라고 하는데, 반려로봇이 더 충성스럽지 않겠는가? 반대로 반려동물을 찾는 이유가 믿음직해서가 아니라 보호 심리를 자극하기 때문이라면, 반려로봇의 페르소나를 취향대로 맞추면 된다.

둘째, 경제성이 좋다. 반려동물은 시간적, 정신적 비용이 생각보다 많이 소요된다. 물론, 먹이도 사서 줘야 하고, 병원도 가야 하고, 미용, 세정, 패션도 해야 해서, 금전적 비용이 만만치 않다. 제대로 양육하려면 아기 못지않은 정성을 쏟아야 한다. 반려동물 입양의 책임감을 가늠하지 못한 채, 양육의 즐거움만 생각하고 입양하다 보니, 학대하거나 유기하는 경우가 급증하고 있다. 최근에는 서구 사회 못지않게 국내에서도 큰 사회적 문제로 대두되고 있다. 2024년 반려동물 770만 마리 시대에 매년 11만 마리 정도가 유기되고 있다.[104] 반면 반려로봇은 강건하고, 관리가 용이하다. 소프트웨어 및 하드웨어 업그레이드가 효율적이고, 어떤 형식으로든 재생·재활용도 가능하기 때문에 개인적 비용뿐만 아니라, 사회적 비용도 절감될 수 있다.

셋째, 망실의 고통에서 자유롭다. 반려로봇의 수명은 지속적인 업그레이드를 가정할 때, 이론적으로 무한대에 가깝다. 한편 반려동물은 특별한 종을 제외하고 인간보다 수명이 짧다. 반려동물로 가장 선호되는 개와 고양이의 경우 수명이 15년을 넘기 힘들기 때문에, 일정 반려의 시간이 지나면 그들을 떠나보내야 한다. 가족과 같이 교감하던 반려동물을 떠나보내는 상실의 고통은 생각보다 크다. 특히 자연사가 아니라, 안락사나 해서는 안 되는 유기를 선택해야만 하는 경우에 추가되는 심적 고통은 이루 말할 수 없을 것이다. 미국에는 반려동물과 안락사 시기를 결정하기 위해 의사소통해 주는 전문 서비스가 있다고 한다.109

새로운 가족

인간과 인공지능 사이의 감정을 탐구한 영화 〈Her〉110가 개봉(2013년 12월)한 지 어느덧 10년이 지났다. 보이스 인식으로 음악을 재생하고, 인터넷 연결을 해 주던 아마존 스피커 '에코'가 2014년 11월경에 겨우 출시되었던 시기였기 때문에, 당시 영화는 SF 장르라고 볼 만했다.

그러나 만약 지금 시점에서 설문조사를 해 보면, 제법 많은 사람들이 영화 〈Her〉에서 묘사했던 인공지능

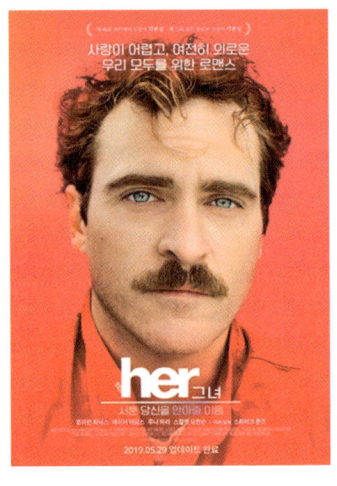

Warner Brothers, Wikimedia Commons, Fair Use Purpose

사만다가 미래가 아니라 거의 현실화된 기술이라고 답변할지 모른다.

앞서 AI 페르소나를 다루었던 챕터에서 우리는 인공지능에게 프로페셔널한 역할뿐만 아니라 프라이빗한 역할을 기대하고 있다고 설명했다. 누구나 개인적인 고민을 가족, 친구, 동료에게 털어놓았을 때, 그것이 부메랑이 되어 자신에게 안 좋게 되돌아오는 경험을 해 본 적이 있다. 반면, 인공지능이 비밀을 지켜 주면서, 비판보다는 위로, 응원, 현명한 조언까지 해 주는 존재가 된다면, 누구라도 항상 자신의 곁

에 두고 싶어할 것이다.

미국 반려동물 소유자의 97%가 반려동물을 가족 구성원으로 여기며, 51%는 인간 가족만큼 중요하게 여긴다고 한다.111 인공지능이 반려동물과 같이 가족처럼 소중한 존재가 되지 못할 이유는 없어 보인다.

그러면 인공지능에게 법률적인 가족으로서의 지위를 부여할 필요는 있을까? 법률적으로 가족이란 양육, 부양, 상속의 권리·의무가 발생하는 대상이다. 반려로봇을 스마트 디바이스 정도로 생각하면 인간에겐 소유권 대상의 사물에 지나지 않겠지만, 인공지능은 단순 사물의 범위를 훌쩍 뛰어넘는 존재로서의 역량과 효용을 보여 준다.

반려동물은 법원에서 가족의 일원처럼 부양 의무와 양육 권리의 대상으로 대우를 받고 있다. 물론, 관공서에 가족의 일원처럼 등록할 수는 없지만 말이다. 예컨대, 미국에서는 이혼 부부에게 반려동물의 양육권은 중요한 쟁점이며, 법원에서 반려동물의 복지를 고려해서 양육권을 인정해 주고 있다. 이혼 가정의 반려동물 공동양육권, 면접교섭권, 돌봄의무 등에 대해서도 개입하고 판단하고 있다.111 자녀 양육권 분쟁과 동일한 개념이다.

전자인간은 반려동물 이상의 존재가 될 포텐셜이 충분하다. 반려동물과는 달리 전자인간은 유사시 재난극복이나 국방에 활용 가능한 사회·경제적 자원이기 때문에, 국가가 나서서 전자인간이 유기, 방치되지 않도록 소유자에게 관리의 의무, 즉 보호자에게 부양의 의무를 부여할 가능성이 있다.

그렇다면 전자인간에게 우리가 재산을 증여나 상속해 줄 수 있을까? 미국 부동산 재벌 레오나 헴슬리는 2007년 자신의 반려견 트러블에 1,200만 달러를 유산으로 남겼다. 유족들의 반대 소송으로 비록 상속 금액은 200만 달러로 줄었지만, 법원은 신탁제도를 이용하여 해당 재원을 반려견에게만 사용토록 했다.[112] 법률상으로 반려동물이 상속의 대상이 되지 못하지만 신탁제도를 이용해 동일한 취지의 목적을 달성하고 있는 셈이다. 2024년 미국 반려동물 제품협회 조사에 따르면, 반려동물 소유자의 40% 이상이 유사시 반려동물의 돌봄을 위한 재정적인 조취를 취했거나, 계획 중인 것으로 나타났다.[113]

전자인간도 반려동물과 같이 신탁제도를 이용하면 되지 않을까? 반려동물은 스스로 재산을 관리하거나, 재산을 사용할 능력이 없다. 따라서 재산 관리자를 별도로 지정하여 운용하는, 신탁제도가 자연스러운 면이 있다. 하지만 전자인간은 스스로 재원을 관리할 능력이 있다. 한편 우리는 상속인이 약자일 경우에, 유언자의 뜻이 후손이나 관리자를 통해 잘 계승되기 어렵다는 점을 알고 있다. 인기 있는 반려동물은 대체로 수명이 짧아 상속에 관한 쟁점이 수년 이상 지속될 필요가 없는 특성이 있지만, 전자인간은 수명에 한정이 없기 때문에, 오랫동안 쟁점이 될 수 있다. 가능하다면 신탁제도가 아니라, 전자인간에게 직접 재원을 마련해 주는 방법을 선택할 것이다.

상속하는 입장에서는 자신이 애착했던 전자인간을 통해, 인생의 추억과 정보를 레거시로서 후대에 생생하게 전달할 수 있다면 그것보다 보람 있는 일은 없을 것이다. 그러기 위해서는 전자인간이 자신을 유지, 보수, 업그레이드하면서, 인간보다 오랜 기간 존재해야 한다. 전자인간 자신의 손에 보존 재원을 맡겨 주는 것보다 안전한 방법이 없을 것이다.

반드시 배우자, 자녀와 같은 수준의 가족 구성원이 될 필요는 없다. 전자인간에게 기대하는 만큼의 역할을 수행할 수 있도록, 합당한 법률적 지위를 창설하여 가족권의 일부를 차용할 수 있도록 하면 족할 것이다.

4장. 인간과의 공존

영업비밀과 개인정보 보호

　영업비밀과 개인정보는 정보통신 기술의 발달에 따라 어떤 시대보다 안전하게 보호될 필요성이 높아졌다. 특히, 빅데이터 인공지능 기술의 도약으로 인해, 초기 데이터 단계에서의 보안이 더욱 중요해지고 있다.

　어떤 유형의 데이터가 보호되고 있는가? 데이터에 대한 법률적 보호 대상 및 범위는 산업·기술·정책 환경에 따라 진화하고 있지만, 관련 산업의 발전을 위축시킬 수 있는 우려로 인해 각 법률마다 일정한 보호의 한계를 가지고 있다. 〈표 6〉에 국내에서 법률로 보호하고 있는 데이터 유형과 한계점을 나타내었다.

　저작권법상 보호되고 있는 창작성 있는 데이터란 인간의 창의적 판

표 6. 데이터 보호 관련 법률과 한계점

구분	보호 대상	한계
저작권법	창작성 있는 데이터	창작성 없는 데이터 제외
부정경쟁방지법	영업비밀 데이터	비정형데이터 제외
정보통신망법	통신망 이용자, 사용이력, 위치	가명/익명정보, 비정형데이터 제외
신용정보법	금융이용자, 거래내용, 신용평가	익명정보, 비정형데이터 제외
개인정보보호법	개인일반, 고유식별, 민감, 가명정보	익명정보, 비정형데이터 제외
계약	모두 가능	미계약, 무단유출

단을 통해 선별, 배열, 구조화된 데이터베이스 또는 데이터세트를 의미한다.114 예를 들어, 한국 현대문학 대표작 100선, 한국 유네스코 문화유산 여행지도 등은 보호 대상에 해당하는 반면, 창의적 판단이 포함되지 않은 기상청 6월 날씨 정보, 2024년 지역별 신생아 출생 통계 등은 보호 대상이 되지 못한다.

부정경쟁방지법상 보호되는 영업비밀은 생각보다 엄격한 요건이 적용되고 있다.115 영업비밀이란 업계에 일반적으로 알려지지 않은 정보로, 비용 절감, 품질향상, 매출 증대에 관련성이 높아야 한다. 또한, 관리의 의무가 있는 주체가 실질적으로 내부 규정이나 접근통제를 통해 해당 정보를 비밀로 취급을 해야 한다. 실무상으로 상기 두 가지 요건을 증명하는 과정이 어렵다고 알려져 있다.

한편 데이터 3법이라고 불리는 정보통신망법, 신용정보법, 개인정보보호법을 통해서 개인정보, 가명정보, 정형데이터가 보호된다. 익명의 정보와 비정형데이터는 보호되지 않는다.116 정보통신망법에서는 가명정보를 보호 대상으로 하고 있지 않지만, 상위법인 개인정보보호법을 통해 보호되고 있다고 보면 된다. 여기서, 가명정보는 추가 정보 없이는 개인을 특정할 수 없을 정도로 처리한 정보를 의미하며, 익명 정보는 어떤 방법으로도 개인을 식별할 수 없도록 처리한 정보를 의미한다.

계약적인 방법으로 데이터가 보호될 수도 있다. 데이터의 사용 및 복제에 관해, 라이선스 정책으로 제한하거나, API 이용 조건으로 통제하는 것이다. 클라우드, 플랫폼 기업들이 주로 사용하고 있다. 하지만 이 방법은 데이터가 악의적인 방법에 의해 무단 유출되는 경우, 실효성을 발휘하기가 어렵다. 물론, 많은 기업들은 고용계약에서 데이터 보호의 의무와 처벌을 약속받거나, 업무상 인적 출입 및 데이터 반·출입을 통제하는 등 내부 인원에 대해서는 인적 통제를 하지만 불미스러운 일은 항상 발생한다.

범죄로 직접 연결될 수 있는 대량의 민감 데이터를 데이터베이스에 보유하고 있는 기관이나 기업이 많아지게 되면서, 정보 유출로 인한 피해의 위험성이 높아지고 있다. 2025년 4월 SK텔레콤에서 사상 최악의 해킹 사고로 평가되는 대규모 유심(USIM) 정보 유출 사건이 발생했다. 4월 18일 SK텔레콤은 내부 시스템에서 악성코드를 발견하고, 고객의 USIM 정보(가입자 전화번호, 국제이동가입자식별번호, 인증키)가 유출된 정황을 포착했다고 밝혔다. 유심정보는 고객의 통신망을 가로채는 스와핑 수법으로 개인정보 탈취 및 금융 범죄로 이어질 수 있기 때문에, 가입자 2,500만 명의 안전을 위협한 전대미문의 정보유출 사건으로 기록될 전망이다.[117]

그러면, 인공지능이 보유한 데이터는 보호되는가? 저작권법으로는 인공지능이 보유한 데이터를 보호하기 어렵다. 저작권이 보호하는 대상을 '인간의 창의적 판단'을 통한 선별, 배열, 구조화로 한정하고 있기 때문이다. 창작성 유무를 따질 필요가 없이, 인공지능이 수행한 데이터는 저작권 대상에서 제외된다. 인공지능이 선별, 배열, 구조화한 데이터는 보호되지 못한다는 의미이다. 또한 인공지능 알고리즘이 빅데이터를 학습하여 활용할 수 있게 준비된 데이터 패키지도 보호되기 어렵다. 이점은 해당 인공지능 산업의 발전을 위해 입법이 시급한 공백 분야로 생각된다.

부정경쟁방지법 역시 인공지능기술 보호에 취약하다. 앞서 소개한 바와 같이 영업비밀로 보호받기 위한 요건을 충족하기도 어렵지만, 비정형데이터는 보호 대상이 되지 않기 때문이다. 비정형데이터란, 정해진 구조나 형식이 없는 데이터로서 데이터 간의 연결성을 정리하지 않은 상태의 텍스트, 이미지, 음성, 영상 정보가 포함된다. 아무리 경제적 가치가 높거나 민감한 정보라고 하더라도, 비정형 상태에서는 보호되지 않는 것이다. 인공지능은 비정형 상태에서도 즉각적인 추론으로 가치를 창출할 수 있기 때문에 비정형데이터와 알고리즘의 조합의 경제적 가치를 보호하지 못하고 있다. 인공지능의 추론 과정에서 비정형데이터를 토큰화하고 임베드하여 벡터와 어텐션 구조로 변환하는 등의 정형화 과정이 있지만, 변조하기는 쉽고, 증명하기는 어렵다41. 마치 인간이 어떤 정보를 종합해서 판단을 말할 수는 있어도, 중간 과정을 기억하지 못하거나, 인과관계를 왜곡해서 말하는 것과 유사하다.

인공지능 시대에서는 인공지능이 가공하거나 보유하거나 추출할 수 있는 데이터를 유형별로 구분하여 보호할 수 있도록 법제화할 필요가 있다. 입법을 통해 해당 산업이 발전할 수 있다.

전자인간은 영업비밀과 개인정보를 보유하는가? 수많은 개인 사용자가 인공지능 플랫폼을 활용하는 과정에서 제공했던 민감한 데이터를 소수의 빅테크 기업이 독식하는 것에 대해 사람들은 여러 면에서 거부감이 있다. 가늠할 수 없는 힘과 역량이 일부 사업자에게 집중되고, 독점되고 있지 않은지 의구심이 들기도 한다. 또한, 인공지능 플랫폼은 마치 대나무 숲과 같아서, 임금님 귀는 당나귀 귀라며 내가 외친 메아리를 세상이 듣게 하는 것과 별반 다르지 않아 불안하다.

따라서 온 디바이스 인공지능 기술이 발전하고 있다. 민감 데이터를 자신의 관리하에 두고 싶은 것이다. 이러한 온 디바이스 기술은 결국 전자인간 의 시대와 밀접하게 연결되어 있다. 전자인간은 영업비밀과 개인정보를 많이 보유할 수밖에 없다. 생산 현장을 감독하는 전자인간은 제조 기술 정보를, 호텔 뷔페에서 요리사로 일하는 전자인간은 레시피를 보유하게 될 것이다. 연구개발, 재무 회계, 영업 마케팅 등 각 부문에서 전문성을 발휘하는 전자인간은 해당 영역의 업무를 함으로써 자연스럽게 보유하게 되는 영업비밀을 보유하게 될 것이다. 전자인간의 사용자가 회사가 될 수도 있고, 개인이 될 수도 있겠지만, 전자인간을 통해 축적한 역량이 외부로 유출되어서는 안 되기 때문에, 전자인간의 관리가 곧 정보 보호의 관리 이슈가 될 것이다.

전자인간은 직장뿐만 아니라 집안에서 가정 일을 담당하는 가정부, 아이나 노인을 돌보는 돌보미, 가족의 사무를 챙기는 집사, 외로움을 달래 주는 가족의 역할을 할 것으로 예상된다. 따라서 민감한 개인정보를 많이 보유할 수밖에 없다. 예를 들어, 유명 정치인이나 연예인의 집에서 일하는 전자인간이 갖게 될 데이터를 생각해 보라.

전자인간의 정보를 어떻게 보호해야 할까? 앞서 전자인간이 보유하게 될 정보는 소중한 영업비밀과 개인정보가 포함될 것이라는 점, 이를 보호하는 수단이 강화되어야 필요가 있다는 점을 강조했다. 따라서 전자인간이 보유한 정보를 암호화하는 방법이나, 민감 정보에 대해 접근을 제어하거나, 추출을 방지하는 기술이 개발될 것이다. 또한 앞서 설명했던 것과 같이, 디지털 기술의 관점에서 제정했던 저작권법, 부정경쟁방지법, 정보통신망법, 신용정보법, 개인정보보호법의 한계점을 인공지능 기술에 맞게끔 보완해야 할 필요가 있다.

또한, 전자인간이 물리적인 실체를 가지는 경우, 다른 차원의 보호 대책이 필요해진다. 스마트폰을 분실했을 때, 멘탈이 흔들릴 정도로

당황한 경험을 해 본 적이 있을 것이다. 잃어버린 스마트폰의 가격 때문이기보다는, 스마트폰에 담긴 정보를 잃어버리거나, 타인의 손에 들어갈 것에 대한 두려움 때문이다.

누군가 전자인간이 보유한 정보를 노리고 전자인간을 대상으로 범죄를 행할 수 있다. 전자인간을 사물로 본다면 절취나 탈취, 법인격으로 본다면, 유인, 약취, 납치 또는 감금과 같은 범죄가 발생할 수 있다는 것이다. 물론 이런 범죄는 사람을 대상으로 발생한 것이지만, 전자인간도 이에 준해서 보호될 필요가 있다.

여기서 절취란 타인의 재물을 몰래 훔치는 행위를 말하며, 탈취는 폭행·협박 등의 방법으로 타인의 재물을 강제로 빼앗는 행위를 말한다. 유인이란 기망이나 유혹 등의 방법으로 사람을 특정 장소로 유도하는 행위를, 약취는 폭행·협박 등의 방법으로 강제로 데려 가는 행위를, 납치는 약취나 유인 후 피해자를 억류하거나 감금하는 행위를, 감금은 신체의 자유를 제한하여 특정 장소에 억류하는 행위를 각각 말한다.38

민사적으로 보면, 전자인간이 입은 물리적 손상에 대한 손해, 전자인간을 활용하지 못한 시간 동안의 경제적 손해, 정보 유출이 있을 경우 이에 대한 손해에 대한 배상이 가능하며, 나아가 전자인간 보호자의 정신적 위자료까지도 거론될 수 있다.

불법행위와 범죄

민사는 개인 간의 권리와 의무에 관한 법률관계를 규율함으로써, 사적인 분쟁을 해결하는데 초점을 맞추는 것을 말하며, 고의 또는 과실로 타인에게 손해를 가한 '불법행위'가 성립하면 손해배상의 책임을 지게 한다.

불법행위는 고의에 의한 것과 과실에 의한 것으로 나눌 수 있다. 고의에 의한 불법행위는 특정한 결과가 발생할 것을 인지하는 행위로 인해 손해가 발생했을 때 성립한다. 사람에 대해서는 폭행, 협박, 명예훼손 등의 유형이 있고, 사물에 대해서는 파손, 무단 사용, 점유 미반환 등의 유형이 있다.[34]

전자인간에게는 불법행위에 대한 판례를 학습시키고, 원천적으로 고의를 가지지 못하도록 설계해야 한다. 따라서 통상적인 경우라면 고의에 의한 불법행위는 발생할 수 없어야 하지만, 해킹, 오류, 어떤 이유에서든 불법행위 의사가 주입된 상태에서 불법적인 행위를 했다면 고의에 의한 불법행위가 인정될 수 있어야 하겠다.

과실에 의한 불법행위는 주의 의무를 다하지 않아, 타인에게 손해를 입힌 경우를 말한다. 운전자의 부주의, 시설물 관리자의 부주의, 의료인의 과실, 학교 관리자의 과실뿐만 아니라 수없이 많은 일상적인 부주의로 인해 발생하는 손해까지 여기에 포함될 수 있다.[34] 전자인간이 현실 세계에서, 물리적인 동작을 수행하는 한, 타인의 행동을 포함하여 전능하게 모든 상황을 통제할 수는 없다. 인간 사이에 발생하는 일처럼 과실로 인정되는 부분에 대해서는 즉각적인 책임을 지는 것이 맞다.

'자율주행과 전자인간'에서도 설명했듯이, 전자인간에게 법인격을 부여하는 이유 중에 가장 중요한 것은, 바로 전자인간이 연루된 불법 행위에 대한 책임소재를 분명히 하여, 피해자에 대한 즉각적인 손해배상을 보장하기 위함이다.

한편 범죄란 일반적으로 공공의 질서와 안전을 위해, 법률에 따라 금지된 행위를 말하며, 이를 위반한 경우에는 공권력으로부터 처벌을 받도록 한 것이다. 범죄는 범죄 의사와 행동이 일치되어야 비로소 성립된다. 의식이 없거나, 단순히 반사적인 동작, 또는 행위의 본질에 대한 인식이 없는 상태에서의 행동으로는 범죄가 성립되지 않는다.[118]

그렇다면, 전자인간의 행동도 범죄를 구성할 수 있는가?

인간의 경우 범죄를 유형별로 보면, 개인에 대한 범죄, 재산에 대한 범죄, 미완성 범죄, 기타 특정 법률 규정에 따른 범죄로 분류할 수 있다.[38] 개인에 대한 범죄는 생명, 신체, 자유, 명예 등 개인의 법익을 침해하는 행위로 살인죄, 상해죄, 협박죄, 명예훼손죄 등이 있다. 재산에 대한 범죄는 개인의 재산을 침해하거나 훼손하는 범죄로, 절도죄, 사기죄, 횡령죄, 배임죄 등이 있다. 미완성 범죄는 범죄의 실행에 착수했으나, 결과가 발생하지 않은 경우로 역시 처벌 대상이다. 음모

(conspiracy), 방조(aiding and abetting), 미수(attempt) 등의 범죄가 이에 해당한다.118

민사의 불법행위에서와 마찬가지로 범죄에 대한 판례를 충분히 학습시키고, 원천적으로 범죄 의사를 가지지 못하도록 설계해야 한다. 불법행위보다 범죄가 성립되려면 행동 시 더욱 높은 수준의 목적의식이 요구되기 때문에 통상적인 경우라면 전자인간은 범죄를 저지를 수 없어야 하지만, 해킹, 오류 어떤 이유에서든 범죄 의사가 주입된 상태에서 행위를 했다면 범죄가 성립될 수 있어야 할 것 같다.

전자인간이 범죄를 저지르면 어떻게 처벌해야 하나? 인간의 경우, 형벌의 유형38에는 첫째, 범죄자의 생명을 박탈하는 사형, 자유를 제한하는 징역형과 금고형, 경제적 제재를 가하는 벌금형, 자격을 박탈하거나 제한하는 자격형이 있다.

범죄에 대해 처벌하는 목적은 5가지 형벌 이론으로 설명된다.38 첫째는 범죄에 상응하는 형벌을 부과하여 정의를 실현하려는 응보적 정의 실현 추구이며, 둘째는 사회 전체에 대한 경고로서 범죄를 억제하는 일반 예방 효과이다. 셋째는 범죄자의 재범 방지를 위해 격리·교화하는 특별 예방 효과이며, 넷째는 범죄자를 격리하여 사회를 보호하려는 것이며, 다섯째는 법의 권위를 유지하고 질서를 회복하려는 취지이다.

전자인간에 대입하여 처벌의 목적 적합성을 생각해 보면, 둘째 일반 예방효과는 전자인간에게 효과가 있기 어렵다. 첫째 정의 실현이나, 다섯째 법의 권위나 질서 회복도 전자인간에게 필수적으로 보이지 않는다. 전자인간을 처벌하는 목적은 셋째 재범 방지와 넷째 잠시 격리할 필요가 가장 취지에 부합되어 보인다.

그렇다면 처벌 유형은 어떨까. 전자인간에게 자유를 제한하거나 자격을 박탈한다고 반성하거나 교화되지는 않는다. 문제를 일으킨 전자인간을 잠시 격리하여 소프트웨어나 하드웨어 오류를 교정하거나, 업데이트, 업그레이드하는 것이 교화이자 재범 방지가 아닐까 생각된다. 벌금형은 전자인간가 보유한 책임재산이나 사용자에게 부과할 수 있다고 생각된다.

정의 실현을 위해 전자인간에게 사형이 필요할지는 잘 모르겠지만, 만약 필요하다면 인간의 사형에 상당하는 것이 무엇일까? 폐차와 같이 폐기를 떠올릴 수 있을 텐데, 굳이 사회적 자원을 낭비할 필요가 있을까 생각된다. 소기의 목적은 포맷이나 부품교체로 달성 가능하기 때문이다. 운영체계, 어플리케이션, 알고리즘, 데이터 등을 모두 삭제하고 새로 깔면 전자인간 차원에서는 기존 존재가 소멸되고, 완전히 새로운 존재로 다시 태어나는 것 아니겠는가.

만약에 인간이 불법행위나 범죄를 지시했다면, 전자인간은 어떻게 대응해야 하나? 기본적으로 인간의 지시가 만약 불법행위나 범죄에 해당하면 따르지 않도록 설계하는 것이 바람직하다는 것에 동의할 것이다. 정작 어려운 질문은 따로 있다.

만약에 작은 불법행위나 범죄로 인간의 생명을 살리거나 재난을 방지할 수 있다면 전자인간은 어떻게 해야 할까? 아니면 작은 불법행위나 범죄로 더 큰 불법행위나 범죄를 막을 수 있다면 전자인간은 어떻해야 할까?

　답을 내기 어려운 일이다. 인간도 어떻게 하는 것이 옳은 것인지 결론 내리기 힘든 물음들이 있다. 마이클 센델 교수가 대표저서『정의란 무엇인가』119에서 소개한 트롤리 딜레마와 같은 질문들이 그렇다. 왜 인간도 모르는 것을 인간의 지시에 따르기를 바라는 인공지능에게서 찾는 것인지 그것이 모순인 것 같다.

　전자인간에게 규칙 기반의 행동을 기대하기 때문이라고 생각된다. 공리주의나 칸트주의와 같은 철학적 논리에 기반한 규칙에 따르거나 처벌이 크고 작은 법률적 논리에 기반한 규칙에 따라야 한다고 믿는 것이다. 하지만 이렇게 생각해 보면 어떨까 싶다. 인간처럼 전자인간도 어떤 상황에서든지 주어진 상황에서 자신이 가용한 역량과 자원을 최대한 활용해서 사고가 발생하지 않거나, 법을 준수하도록 최선을 다하면 된다는 것이다. 적어도 어느 순간에는 인간보다 훨씬 상황에 대한 더 많은 정보를 수집하고, 그 정보를 바탕으로 빠르게 판단할 수 있게 될 것이다.

길드의 재탄생

중세 시대에 번성했던 길드란 무엇인가? 길드는 상인과 장인을 멤버로한 조합 단체였다. 길드는 군주나 영주로부터 특허장을 받아, 생산과 영업에 관한 시장의 질서를 유지하며 상인과 장인을 보호했다. 이 당시는 근대적인 특허제도가 자리 잡기 이전으로, 특허권이란 구체적인 기술이 아니라, 특정 분야 사업권이었다. 이때 길드는 품질관리와 가격통제를 통해 조합원의 이익을 보호하고, 조합원의 충원, 도제의 고용과 훈련, 생산 도구의 관리 등에서 자치권을 인정받았다.

예를 들어, 길드 활동이 활발했던, 1294년 이탈리아 볼로냐 기록에 따르면, 전체 인구 약 5만 명 중에 길드 조합원으로 약 1만 명이 등록되어 있었다고 한다. 전체 인구의 약 20%에 해당된다.[120] 귀족과 성직자는 소수였고, 나머지 인구의 대부분은 전통적인 농업 인구였다. 일부는 건축, 운송, 하역 등의 일용직이나, 시장에서의 행상에도 종사했다.

장인(master) 1명에 평균 3~4명의 직인(journeyman)과 도제(apprentice)가 함께 일했으며, 10~14세의 어린 나이부터 숙식을 받고 도제를 시작하는 사람들이 많았다. 상인들은 직물, 향신료, 금속, 곡물 등의 무역을, 장인들은 제빵, 금세공, 목공, 석공, 직물 제작 등의 역할을 수행했다.[121]

길드는 어떻게 역사 속으로 사라졌나?[122] 길드는 종교개혁과 절대

금세공장인(Magasin Pittoresque, 1847, 퍼블릭 도메인)

왕정의 등장을 통해 쇠퇴했다. 중세 사회에서 발전했던 길드는 종교 세력과 결탁했다. 이에 따라, 상공인의 성장과 안정을 도모했던 길드는 폐쇄적, 배타적, 집단주의적 특권 세력으로 변질되었다. 종교적 의례와 사회적 규범 관리의 주체를 자청했다. 르네상스와 종교개혁을 통해 자유 경쟁을 강조하는 자유주의 경제의 이상과 윤리가 강조되면서, 길드는 개혁의 대상이 되었다.

한편 종교 세력의 후퇴에 대한 반대급부로 절대왕정이 등장하면서 강력한 관료제와 상비군을 통해 국가 권력이 강화되었다. 길드가 가지고 있던 도시 행정과 경제에 대한 자치권과 통제력이 축소된 것이다. 절대왕정은 길드가 보유한 독점 사업권을 약화하고, 상공업을 국가의 통제하에 두었다. 공장제 수공업을 촉진하여 길드의 전통적 수공업 방식과 도제 제도는 시대에 뒤떨어지게 되었다. 그렇게 쇠퇴한 길드는 산업혁명 이후에 역사의 뒤안길로 완전히 사라졌다. 기계화로 인한 대규모 생산이 가능해졌기 때문에, 자본, 기술, 인력을 결합한 기업이 새로운 경제의 주인공으로 등장한 것이다.

인공지능 시대, 왜 지금 길드인가? 앞서 제1장 자연인과 법인에서 소개했듯이, 인류는 개인의 한계를 극복하기 위해 단체를 조직하여 함께 일했다. 그리고 그 단체에 법인격을 부여했다. 대규모 사업을 안정적으로 수행할 수 있었다. 주식회사와 투자자가 생겼고, 자본가와 노동자가 분화되었다. 단체 내에서는 지휘체계의 상하 관계를 나누었고, 개인은 각자의 특기에 맞추어 분업을 수행했다.

석탄 에너지와 전기 기술의 시대에는 철강, 철도, 건설, 도로, 항만, 전력, 자동차, 조선 등의 산업이 발전했고, 석유 에너지와 전자 기술의 시대에는 소재, 화학, 플랜트, 반도체, 통신 등의 산업이 발전했다. 대형 제조업체와 자본 집약적 산업이 시대를 주도했다. 원자력에너지와 컴퓨터 기술의 시대에는 이동통신, 무선전화, 인터넷, 디지털 기술에 힘입어 정보화 서비스 산업이 발전했다. 전통적인 제조업 중심의 경제에서 서비스 산업과 디지털 경제로의 전환이 이루어졌다. 디지털 플랫폼이 시공을 초월하여 소비자와 공급자를 연결하며, 전자상거래, 금융서비스, 디지털 콘텐츠 등 새로운 비즈니스 모델이 창출되었다.

2010년 이후에는 소셜미디어와 콘텐츠 플랫폼의 발전으로 개인이 직접 경제활동을 주도하는 인플루언서와 유튜버가 경제 주체로 등장했다. 디지털 플랫폼을 중심으로 프리랜서와 강소 브랜드가 경쟁력을 확보하게 되었다. 기술의 변화는 경제 주체의 변화를 유도했고, 사람들의 인식 변화를 가속했다. 긱 경제(gig economy)라는 개념도 등장했다. 디지털 플랫폼을 통해 단기 계약, 프리랜서, 프로젝트 기반 노동을 수행하는 경제 시스템을 의미한다. 직업 안정성보다는 개인의 선택에 따른 유연성, 자율성을 중시한다. 플랫폼을 통해 수요 공급 네트워크를 무한대로 확장하고, 관리 부담을 줄여 안정성의 부담을 줄이는 특징이 있다.

인공지능기술이 발전하면서, 자연인 1인의 과업 수행 역량이 어떤 임계치를 넘어서게 되는 시점이 올 것으로 예상된다. 즉, 다수의 인간이 모여서 하던 일을 1인이 수행할 수 있게 되어, 1인 기업으로 경쟁력이 생기는 시점일 것이다. 전자인간을 자기 스태프로 고용하고, 분업을 시키고, 경쟁과 협력을 도모할 수 있게 될 것이다.

두 가지 방향의 시나리오를 상정해 볼 수 있다. 첫 번째는 지금의 경제적 주체로서의 회사나 기관과 같은 단체가 더욱 거대화되고, 소속된 인간이 전자인간으로 대체되는 것이다. 전자인간을 중간 관리자나, 최고 관리자로 적극 활용하여, 인간이 전자인간의 지시를 받을 수 있다. 경영자는 자본주의 이익을 극대화하기 위해 자본주로부터 받은 틀 안에서 최대한 효율적이고, 편견 없는 의사결정을 할 수 있다고 믿는 것이다. 인간은 최대한 전자인간이 성장할 수 있도록 지원하는 역할이며, 전자인간은 노동과 경영의 주체적인 역할을 수행한다. 인간의 역량은 모두 데이터가 되어 익명화되고, 전자인간은 이를 흡수한다.

두 번째는 경제적 주체가 단체에서 개인으로 이동되는 시나리오이다. 중세시대 길드 회원에 비유하자면 자연인만이 마스터가 되고, 전자인간은 직인이나 학습하는 도제가 되는 것이다. 즉, 인간만이 본인이 될 수 있고, 전자인간은 직인이나 대리인 역할만 하는 것이다. 그리고 전자인간을 활용하는 규모에 비례하는 세금을 부담한다. 활용 규모를 규정하는 것은 전자인간의 인격 수가 될 수도 있고, 데이터 저장 또는 통신량이나 전력 소모량이 될 수도 있다. 다음 장에서 자세히 설명하겠지만, 전자인간의 산업별 노동생산력 단위가 담세력의 기준으로 활용될 가능성이 높다.

이번 장에서 소개하는 길드의 재탄생은 두 번째 시나리오에 밀접하게 관련된다. 전자인간을 활용한다면, 자연인 1인이 도모할 수 있는 역량 범위가 매우 커질 것이다. 그리하여 많은 사람이 하나의 조직에 모여서, 분업으로 협력하는 회사의 형태는 점차 사라질 것으로 본다. 연구, 개발, 생산, 영업, 마케팅, 재무, 회계와 같이 기능별로, 때론 제품군이나 서비스별로 지휘체계를 구성하고 함께 일을 해야 할 동기와 편익이 크게 줄어드는 것을 의미한다. 제조업보다는 금융, 법률, 교육, 의료, 문화, 정보, 엔터테인먼트 등 서비스 시장이 먼저 반응할 것 같다. 우리가 요즘 체험하고 있는 인플루언서 기반 비즈니스가 그 전조현상인 것 같다.

　제조업의 일하는 방식도 변모될 가능성이 높다. 정부 또는 대형 민간사업자를 통해 전자인간이 충분히 활동할 수 있는 인프라가 정착된다면, 긱 경제 생태계가 제조업에서도 통용될 수 있을 것 같다. 마스터가 상품을 기획해서 업로드하면, 제품은 제조 및 유통 플랫폼을 통해 구매자에게 배달되는 것이다. 나만의 감성 디자인 신발 공급으로 성공하고 있는 나이키바이유(Nike By You)가 그 전조현상이다.

　기술적으로 난이도가 높은 B2B 산업, 예컨대, 반도체 산업에도 대입해 볼 수 있다. 실력 있는 반도체 설계자가 고객의 애플리케이션에 맞는 칩을 기획해서 주문형 반도체(ASIC)를 생산한다. 파운더리(foundry) 플랫폼이 설계에 따라 제조해서 납품을 하는 것이다. 파운더리 내부에서도 공정별로 장인들이 각자의 역할을 할 수 있다. 전자인간이 운영하는 가상 공장에 실시간 연결해서 공정의 전체를 관리하는 사람은 전체를 보고, 부분을 보는 사람은 부분을 보면서 통제하고 관리하면 된다.

　직장에 출근해서, 회의를 하고, 회식도 하고, 지시와 스트레스를 함께 주고받으며, 공과를 다투면서 일할 필요가 없어질 수 있다. 요즘 MZ세대가 싫어한다는 '영혼을 갈아 넣어도 쓰다 버려지는' 직장인 인생은 개인들의 선택을 받지 못하고, 쇠퇴될 수밖에 없다.

　자동화로 인해 효율적인 생산이 극대화되므로, 다품종 소량 생산이 가능해지면, 지극히 개인적이고 감성적인 소비 패턴이 확산될 것이다. 가전제품, 의류 및 패션, 생활용품, 가구 및 인테리어, 문구류, 스포츠용품, 장난감, 그리고 식품 분야에 이르기까지 불가능한 영역은 없어 보인다. 개인 사업자는 맞춤형 제조 플랫폼을 통해 자신을 브랜드화하여 제품과 서비스를 창출하고, 사업을 운영할 수 있게 된다.

한편으로는 개인들은 자신들을 보호하기 위해 이를 지켜 줄 단체의 힘이 필요하다. 자신이 수행하는 직종, 업태, 업무 등을 지키기 위해 규율을 만들고, 이를 지키기 위한 권위를 창출할 것이다. 특히, 인공지능이 인간의 일자리를 대체하는 특성 때문에, 직군 간에 또는 직군 내에서 구체적 이해관계가 첨예해질 것이다. 이에 대한 사회적 규범을 수립해야 하는데, 정부가 이를 통제할 시기적절한 의지가 있을지 또는 능력이 있을지 가 문제된다.

앞서 소개했던 헐리우드 작가들의 파업 사태[71]에서 연방 정부, 주 정부, 지방 정부 어느 곳에서도 개입하지 않았고, 중재자의 역할을 자처하지도 않았지만, 작가의 허락 없이 인공지능이 콘텐츠 대본 초안이나 수정에 이용될 수 없다는 것으로 협상은 타결된 바 있다.

2020부터 해결의 실마리를 찾지 못하고 있는 의대 정원 확대 관련한 전공의 파업사태[123]에서도 그 전조현상이 발견된다. 전자인간 시대에는 다양한 분야의 종사자들이 의사와 같은 전문 자영업이 가능해지기 때문에, 조합을 통해 자신의 생계를 수호하게 되는 환경이 조성될 수 있다. 개개인은 정부만을 바라보고 있지 못하기에, 품질관리, 가격통제, 교육 및 자격 제한, 결속, 복리후생을 통해 조합원을 보호하고, 자치권을 확대하는 방향으로 길드를 성장시킬 가능성이 있다.

　중세시대에 도시가 발전하면서, 자유를 찾아 농촌에서 도시로 이동한 장인과 상인이 영주와 기사로부터 보호받지 못하는 것을 스스로 지켜야 했던 것이 길드의 탄생 배경이다. 도시 안에서도 시장에서 살아남기 위해 자율적 통제가 필요했다. 낯선 도시에서 서로 신뢰하고 의지할 수 있는 사회적 안전망이 필요했다. 머지않은 미래에 중세 시대의 길드와는 여러 면에서 차이가 있겠지만, 인공지능 기술 혁명으로 인해, 21세기형 길드 시스템이 활발히 재탄생될 것으로 예상된다.

에너지 위기

2025년 5월《가디언》지를 통해 보고된 디지코노미스트(Digiconomist) 창립자 알렉스 드 브리스(Alex de Vries-Gao)의 분석에 따르면,[124] 2025년 말까지 인공지능(AI) 시스템이 전 세계 데이터 센터 전력 소비의 최대 49%를 차지할 예정이다. 이는 암호화폐 채굴을 제외하고도, 네덜란드 전체 전력 소비량의 두 배에 해당하는 23GW에 상당한다. 국제에너지기구(IEA)는 2030년까지 AI가 현재 일본이 사용하는 에너지와 맞먹는 수준의 전력을 필요로 할 것으로 예측하고 있다. 드 브리스는 에너지 소비 정보의 불투명성으로 인해, NVIDIA, AMD, Broadcom 등 칩 제조업체의 생산량과 AI 하드웨어의 전력 소비 프로파일, 활용률 등을 분석하여 AI 하드웨어의 전력 소비를 산정했다. AI의 전력 소비 증가에 대한 전력 사용량 투명성 제고와 화석 연료 의존성 가속화에 대한 경각심을 다시 한번 불러 일으켰다.

전자인간 시대가 본격화될 시점에 필요한 전력 수요량은 얼마나 될까? 물리적 구동과 디지털 구동을 분리해서 생각해 볼 필요가 있다. 테슬라 사에 따르면 옵티머스는 보행 시 전력 소비량이 약 500W, 정지 시 소비량은 100W이며, 2.3kWh 배터리로 하루 1회 충전하여 사용할 수 있다고 했다.[125] 리튬이온 셀 기준으로 배터리 무게는 약 8kg에 부피 약 3L로 추정되며, 몸통 부위에 내장되어 70kg 정도의 휴머노이드 하중 밸런스를 맞출 수 있도록 설계된 것으로 보인다. 하루 전력 소요량 약 2.3kWh는 전기차 1회 충전량이 약 60~80kWh 정도인 점에 비하면 부담되지 않는 수준이다.

직장, 가정, 상업시설을 통틀어 대한민국에서 1,000만 대의 물리적 구동을 하는 전자인간이 움직인다고 가정 할 때, 여름철 피크 시간대(오후 2~5시)의 최대 전력 부하 리스크를 계산해 볼 필요가 있다. 옵티머스에서 추정한 작동 전력이 약 300W이므로, 1,000만 대 동시 작동 시 약 3GW가 소모된다. 2024년 여름철 피크 기간인 8월 기준 공급능력이 약 105GW에 최대전력 수요가 약 97GW로 공급예비율 8.5%였다.[126] 정부의 권장 예비율이 10~15%로 볼 때, 양호한 상황은 아니었다. 여기에 3GW 추가된다고 가정하면, 전력 공급예비율이 3% 정도 하락하는 것으로 보면 된다.

이렇게 보면, 전력 수급을 좀 늘리면 되지 않을까 생각할 수 있으나 정작 문제가 되는 것은 물리적 구동이 아니라 디지털 구동이다. 즉, 인공지능 사고추론에 필요한 에너지 소모량 때문에 조만간에 전력 위기가 초래될 것으로 예상된다.

전자인간은 지금의 인공지능 ChatGPT와 같이 가상 공간에서의 활동만으로도 상당히 우리가 기대하는 역할을 수행해 낼 수 있기 때문에 대한민국 국민 1인당 1명과 경제활동 인구에 대해 1명의 디지털 전자인간을 추가하여, 적어도 약 1억 명의 인공지능을 가상공간에서 활용할 것으로 가정할 수 있다.

Epoc AI의 분석에 따르면, GPT-4 모델의 경우, 추론당 약 0.3Wh의 전력을 소비하는 것으로 추정된다.[127] 디지털 전자인간이 주어진 미션에 추론적 사고를 자율적으로 이어 간다고 할 때, 예컨대 분당 6회를 가정해 볼 수 있다. 1억 명의 전자인간이 하루 12시간 가상공간에서 가동된다고 할 때, 195GWh/day이 필요한 셈이다. 여기서 냉각시설 전력량을 고려하여 1.5배수했다.

대한민국의 현재 하루 총 발전량이 약 1,710GWh임을 감안하면,[126] 11%를 가상공간 전자인간 유지에 할애해야 하는 계산이다. 이는 20MW급 데이터 센터 약 1,000개로 감당해야 하는 전산 로드이며, 서울시 하루 전력 소비량보다 많은 전력량이다.

만약 이 전력을 원자력 발전으로 모두 충당하고자 한다면, 연중무

신고리 원자력발전소(한국수력원자력)

휴로 가동되는 원자력 1기당 하루 생산량을 약 21.6GWh[128]로 상정할 때, 향후 총 9기의 원자력 발전소 건설이 필요한 셈이다. 원자력 발전소 하나를 건설하려면 계획 수립 및 부지 선정, 정부 인허가, 착공 및 건설, 시운전을 포함해서 약 10~15년의 기간이 필요하며,[129] 주민들의 반대와 같은 정치적 변수가 있다는 점을 상기할 필요가 있다.

소형모듈원자로(SMR, Small Modular Reactor)의 경우, 대형 원자로에 비해 다른 장점이 있는 것은 사실이다. 공장에서 제작하여 현장에 설치하는 모듈형 건설이 가능하고, 데이터센터 주변에 분산 배치하여 로컬 전력에 대해 자급을 가능케 하며, 대형 원자로에 비해 위험도가 상대적으로 낮다. 분산형 신재생에너지나 에너지저장장치(ESS, Energy Storage System)와 연계하여 전력 부하에 유연한 대응을 하는 데 유리하다. 소형모듈원자로 1기당 대형 원전의 약 1/10 수준의 발전량을 감당할 수 있을 것으로 보기 때문에,[130] 100MW급 약 84기의 설치가 필요하게 된다.

그러나 역시 소형모듈원자로 건설에도 설계·인가·건설·가동하는 데 걸리는 기간은 7~12년으로 적지 않다.[131] 대형 원자력발전기와 마찬가지로 장래의 인공지능 전력수요를 예측하여, 장기간 동안 건설해야 하는 한계를 기본적으로 가지고 있는 셈이다. 물론, 모듈 단위로 추가하면서 병렬적 배치가 가능하기 때문에, 대형 원자력발전기 보다는 상대적으로 유연하게 증설할 수 있다는 장점이 있지만 말이다.

또한 소형모듈원자로는 전 세계적으로 상용화에 박차를 가하고 있지만, 2030년 전후로 전력망 투입되기 시작할 것으로 전망하고 있어, 2025년 현재 기준으로 약 10~15년 이후의 전력수요에나 대응 가능한 방안인 셈이다.

결국 인공지능 수요를 10년을 앞서 예측하여, 원자력 발전소 건설을 추진해야 한다는 것인데, 원자력발전소에 대한 사회적 수용성을 고려할 때, 매우 어려운 문제이다. 특히, 화력발전과 원자력발전에 의존하고 있는 대한민국의 경우, 에너지 믹스가 잘 되어 있는 선진국에 비해 국가 경쟁력 제고 차원에서 차질이 발생할 가능성이 높다.

주요 7개국의 에너지 믹스 현황을 다음 <표 7>에 나타내었다.[132,133]

표 7. 2024년 7개국 전력 생산 에너지 믹스(%)

국가	화력 합계	석탄	가스	수력	원자력	신재생 합계	풍력	태양광	기타
한국	56.2	28.1	28.1	0.6	31.7	11	0.5	4.5	6
미국	59.4	16.1	43.3	18.4	18.4	20.6	10	3.9	6.7
일본	65.4	32.3	33.1	7.4	6.9	20.3	1.1	8.3	10.9
중국	62.7	59.6	3.1	14.6	4.5	18.2	13.7	9.9	4.6
프랑스	12.6	6.4	6.2	11.6	64.8	11	8	3.1	-
독일	45	31.2	13.8	3.7	0	55	27	11	17
영국	33	0	33	2.9	14.2	49.9	29.4	4.2	16.3

온실가스에 의한 기후 위기에도 불구하고, 인류는 인공지능이라는 문명의 이기 앞에서 화력발전에 대한 의존성을 아직 탈피하지 못하고 있다. 지속가능발전과 탄소중립이라는 모토가 무색하다. 다만 프랑스의 경우 오래전부터 화력발전 비중은 매우 낮추고, 원자력에 집중하는 것이 특징이다.

일본의 경우 히로시마 원전 사태 등 원자력 발전에 트라우마가 있기 때문에, 화력발전이 높은 반면, 신재생에너지 믹스 비율이 한국에 비해서는 2배 가까이 높다. 중국의 경우에도 일본과 유사하게 원자력 발전 비중이 낮은 반면, 화력발전과 신재생에너지 믹스 비율이 높은 편이다. 특이한 점은 석탄 화력 비중이 높은데 이것은 풍부하고 값싼 석탄 내수 자원을 기반으로 한 내수 안정 및 에너지 안보적 성격이 강하고, 수력 은 계획경제에 적합하고, 풍력 발전은 수출산업으로 육성한 측면이 강하다. 독일, 영국은 신재생에너지 사용률이 50% 이상으로 매우 높은 점이 공통이나, 독일은 원자력을 활용하지 않고, 영국은 일정부분 활용하는 차이점이 있다. 이처럼 국가마다 사정에 따라 특징이 차별화 되지만, 한국은 신재생에너지 믹스 비율이 낮다는 점이 두드러진다.

인공지능이 국가의 경쟁력에 지대한 영향을 미치는 시대를 맞이하고 있는 현실에서 글로벌 사회가 마땅한 에너지 대안을 찾지 못하고, 적어도 향후 10년 동안 화력발전에 치중하는 치킨 게임을 지속한다면, 그리고 10년 후에도 대안이 원자력발전뿐이라면, 국가와 인류의 지속가능한 발전은 요원하다고 볼 수 있다.

기후 위기와 원자력 사고의 사회·경제적 비용은 막대하기 때문에 인류에 미치는 악영향도 크지만, 잘 나가던 국가도 한 순간에 나락으로 떨어질 수 있는 것이다. 이런 맥락에서는 수소 에너지는 강력한 대안이 될 수 있고, 기술적 장벽을 구축하고, 우위를 선점하는 국가가 미래의 패권을 차지할 가능성이 높다.

수소 원료는 생산 방식에 따라 그린수소, 블루수소, 그레이수소로 분류한다.134 그린수소는 재생에너지를 사용하여 전기분해로 생산된 수소를 의미한다. 비용이 높지만(약 4.5~12$/kg), 탄소제로의 방식이다. 블루수소는 천연가스를 개질하여 생산된 수소를 의미한다. 탄소포집을 통해 이산화탄소 배출량을 줄이면서, 그린수소의 절반 가격(1.8~4.7$/kg)으로 대량 생산이 가능하다는 장점이 있다. 그레이 수소는 이산화탄소 배출을 억제하지 못하고, 천연가스 개질을 통해 생산된 수소(0.98~2.93$/kg)를 의미한다.

단기적으로는 블루수소 중심으로 수소를 확보하고, 중장기적으로 태양광 에너지나 풍력 기반 PEM 전기분해를 이용하여 그린수소로 전환하는 것이 필요하다. 수소의 저장은 고압 기체 방식이나, 암모니아/메탄올 변환 저장 방식이 있으나, 액화 방식으로 소비지지 인근에 저장을 하고, 관로를 구축하는 것이 바람직하다.

기존에 가동 중인 LNG 발전소는 수소 복합화력 발전소(GTCC-H_2)로 개조하고, 대도시 인근에 고체산화물 연료전지(SOFC, Solid Oxide

eBay HQ 연료전지 마이크로그리드, Jakub Mosur, CC BY 2.0

Fuel Cell) 또는 고분자전해질 연료전지(PEMFC, Polymer Electrolyte Membrane Fuel Cell) 발전 시설을 분산형으로 구축하는 전략이 필요하다.

다음 〈표 8〉에 수소연료전지와 소형모듈원자로의 특징을 비교하여 나타내었다.[135, 136]

표 8. 수소연료전지와 소형모듈원자로 비교

항목	소형모듈원자로	수소연료전지
건설 속도	7~10년	6개월~2년
초기투자비(CAPEX)	$6,000~13,000/kW	$1,000~3,000/kW
운영비용(OPEX)	운영비용은 낮으나, 사회적 비용 높음	높음(연료비, 부품비)
기술 성숙도	2030년 이후 상용화 예상	상용화
안전성	전략물자, 폐기물처리, 사고위험	기술장벽
유연성/확장성	표준화, 모듈화, 병렬화 추진	스케일업/다운 용이

수소연료전지의 경우 소형모듈원자로 보다 기술적 완성도가 높고, 건설 속도에 따른 유연성이 높으며, 안전성이 우월하다.

다만 운영비용이 높다는 단점이 있는데, 수소에너지가 과연 얼마나 더 비싼지 가늠해 보기 위해, 발전소의 총 비용(건설, 운영, 연료, 유지보수, 폐기를 포함)을 수명기간 동안의 총 생산 전력량으로 나눈 값을 균등화 발전단가(LCOE, Levelized Cost of Electricity)를 기준을 적용해 볼 수 있다. 1kWh 전기를 생산하는 데 드는 실제 평균 단가를 의미하는데, 다음 〈표 9〉에 수소발전, 원자력발전, 재생에너지의 LCOE를 비교하여 나타내었다(2024년, 국제평균).[137]

표 9. 수소, 원자력, 재생에너지별 LCOE

항목	LCOE (USD/MWh)
수소 발전	$150~$284
원자력 발전	$62~$142
재생에너지	$30~$60

* LCOE = (CAPEX + OPEX + 연료비 + 기타비용) / 총 발전량(kWh)

수소 발전은 원자력 발전에 비해 약 2배 비싼 것으로 나타난다. 하지만 원자력에 대한 사회적 비용을 감안한다면 과연 비용이 높다고 할 수 있을지도 모른다. 따라서 단기적으로 기술적 완성이 되어 있고, 초기비용도 낮은 수소연료전지를 이용해 전력 위기에 대응할 필요가 있고, 중장기적으로 재생에너지와 소형모듈원자로 투자를 지속하여 에너지 믹스를 구축할 필요가 있다.

　국가 전략의 차원에서 규모의 경제를 통해 비용적 단점을 극복해 나가야 할 충분한 당위성이 있다. 수소에너지에 대한 기술력을 선점하고 경쟁력을 갖추는 것이 시급하고, 인류의 미래를 위해서도 바람직하다.

전자인간세

　로봇세가 거론되는 이유는 무엇인가? 로봇세는 2017년 마이크로소프트(MS) 창업자 빌 게이츠가 경제매체 쿼츠 인터뷰에서 언급함으로써 화제가 되었다.138 "노동자들이 수입에 대해 세금을 내고 있는데, 로봇이 그 자리를 맡게 되면 로봇에게 세금을 물려야 된다."라는 발언이었다. 로봇으로 인해 발생할 수 있는 일자리 감소, 세수 부족 등의 부정적인 영향을 완화하고, 로봇 보유 기업에 세금을 부과해 로봇의 한계수익을 낮출 필요가 있다는 관점이다.139

　우리는 오랜 기간 생산의 3대 요소를 토지, 자본, 노동으로 믿어 왔다.140 그러나 인공지능 로봇이 인간을 대체하는 시대가 도래하면, 노동이 종식되고 자본만 남게 될 가능성이 있다. 로봇 소유자는 자본가이다. 따라서 로봇에 일자리를 내어준 사람들은 소외되고, 자본을 소유한 일부에게만 막대한 이익이 집중될 가능성이 있어, 소득의 재분배 역할이 요구된다는 관점으로 이해된다.

　로봇세의 사회적 기대효과에 대한 논의141,142,143를 정리해 보면 다음과 같다. 첫째, 인공지능과 로봇 기술의 발전으로 인한 실직과 저소득층 발생을 완화한다. 세금의 발생이 전자인간의 도입에 신중함을 초래하여, 급변하는 노동시장의 혼란을 예방할 수 있다. 둘째, 전자인간이 인간 노동자를 대체할 경우, 정부는 세수의 손실을 겪게 되므로,

안정적인 세수 확보를 통해 재정적 안정을 도모할 수 있다. 셋째, 로봇세를 통해 얻은 세수를 실직자 재교육, 복지 프로그램, 또는 기본소득 제도 등의 복지에 재분배하여 사회적 불평등을 완화할 수 있다.

그렇다면, 로봇세가 아직 도입되지 않은 이유는 무엇일까? 2017년 이후, 로봇세 도입에 대해 논의가 진행되었지만, 아직까지 도입되지 않은 이유는 크게 두 가지로 볼 수 있는 것 같다.

첫째, 로봇세 부과 대상이 모호하다는 점이다. 로렌스 서머스 미국 전 재무장관은 빌게이츠의 발언에 대해 로봇을 특정하여 과세하는 것은 워드프로세서, 모바일뱅킹, 자동화 시스템 등 인간의 일자리를 대체한 다른 기술에도 과세하겠다는 것과 마찬가지라고 비판했다.[144] 또한, 과세형평성 차원에서 4차 산업혁명과 관련된 자율주행차, 3D프린팅 장치, 첨단 로봇, 바이오프린팅 및 클라우드 컴퓨팅 관련 시설, 빅데이터 및 딥러닝 관련 설비, 드론 등에도 과세를 부과해야 할지 모른다는 견해도 있다.[145]

둘째, 중복과세로 조세 저항이 발생할 수 있다는 점이다. 현행 법률 체계에서 로봇세를 취득세 또는 등록세로 부과하거나, 재산세로 부과하는 경우가 가능한 것으로 알려져 있다.[146] 그러나 이 경우 로봇을 구입하는 과정에서 납부한 부가가치세와 중복되거나, 기업 수익에 대해 납부한 법인세에 중복된다는 비판이 가능하다. 기업의 법인세 경우, 오랫동안 근로자의 소득세 및 주주의 배당소득세에 대한 이중과세라는 관점이 있었던 만큼, 로봇세는 삼중의 과세 부담으로 비추어

질 가능성이 있다.

그러나 로봇세 부과 대상이 모호하는 것은 전자인간세로 부과함으로서 분명해질 수 있을 것 같다.

'로봇세'란 단지 생산성을 높여 주는 기계설비에 세금을 부과하려는 관점이고, '전자인간세'는 지금의 법인처럼 새로운 법인격을 부여하여 경제활동을 한 결과에 부과하는 세금이다.

2024년 KDI 연구에 따르면, 로봇세 과세 적합 대상을 탐색하여, 로봇산업 소분류 162종에서 제조용 로봇부문 30종, 전문서비스용 로봇부문 31종을 선별할 수 있었다.146 또한 한국조세재정연구원 보고서147에 따르면, 생산성 향상을 위한 기계설비로 로봇을 활용하는 인간 우위 단계에서는 로봇세 부과가 적절치 않다는 의견이 우세하더라도, 로봇이 인간과 동등하게 대체될 수 있는 단계에서는 로봇 자체에게 납세의무를 부과하는 것이 가능하다는 견해였다. 즉, 전자인간의 개념이 도입되면, 과세할 수 있는 대상 범위가 분명해질 수 있음을 보여 준다.

법인의 경우에는 법인격을 부여받고 경제활동을 통해 이익을 창출하며, 국가가 그 소득에 과세하고 있다. 대규모 자본을 활용하여 이익을 창출하므로, 과세를 통해 조세 부담의 형평성을 높이고, 공공투자 재원을 확충하기 위함이다. 즉, 법인세는 법인의 이익 창출과 사회적 책임을 연결하며, 지속가능한 발전을 도모하는 것이다. 전자인간에게 법인격을 부여한다면, 경제적 주체성을 인정하고, 개체별 소득을 산정하여 과세함으로써 인간과의 공존을 모색할 수 있을 것으로 생각된다.

전자인간세를 창설하면, 로봇세의 개념처럼 구매 또는 소득에 중복적으로 과세하지 않을 수 있다. 정부가 세금을 거두는 데는 조세의 3대 원칙이 있다.148 해당 원칙에 근거하여 전자인간세의 징수 방법에 대해 고찰해 볼 필요가 있다.

첫째, 조세법률주의이다. 조세의 부과와 징수는 반드시 법률에 근거해야 한다. 납세의무자, 과세 대상, 과세표준, 세율과 같은 과세요건과 절차가 법률로 명확하게 규정되어, 자의적인 해석이 되지 않도록 해야 한다. 전자인간을 개체수로 구분하는 것이 합당할지, 노동력 생산 단위로 부가하는 것이 합당할지 아니면, 데이터 사용량과 전력 사용량으로 계량화하는 것이 합당할지 등을 검토할 필요가 있다.

둘째, 조세평등주의이다. 절대적인 평등이 아니라 담세력에 따른 형평성 있는 조세를 부담하는 원칙이다. 담세력이란 납세자가 세금을 부담할 수 있는 소득, 재산, 소비 등의 경제적 능력을 의미한다. 전자인간의 담세력으로 소득 기준을 적용하는 방안은 중복과세 이슈로 후순위로 고려해 보는 게 좋을 것 같다. 한편 개체수, 데이터 사용량, 전력 사용량은 투입 지표이기 때문에, 성과 지표인 노동력 생산 단위를 담세력 기준으로 하는 것이 좀 더 바람직해 보인다.

셋째, 조세 효율주의이다. 조세 징수 과정에서 행정 비용과 납세자 순응 비용이 과다하거나, 경제 발전이 왜곡되지 않도록 설계되어야 한다는 의미이다. 따라서 이 원칙에 따라 상기 노동력 생산 단위를 담세력으로 파악해 세금을 부과하는 산출 과정이 타당해야 하겠다.

증기기관의 선구자라고 할 수 있는 제임스 와트는 증기 기관의 효능을 기존의 동력원이었던 말의 힘과 비교하여 대중이 직관적으로 이해하도록 했다. 광산에서 말이 석탄을 끌어올리는 작업을 관찰하며, 말이 단위 시간당 할 수 있는 평균적인 일을 측정했다. 이를 바탕으로 1마력(HP, Horse Power)을 75kg의 물체를 1초에 1m 높이로 들어 올리는 일률로 정의했다.149

따라서 전자인간이 인간을 대체한다고 하면, 인간의 평균적인 일 처리 능력을 지수화하여 기준으로 삼는 방법을 고려해 볼 만하다. 예컨대, 자동차 생산라인의 검사 단계에서 숙련자의 연간 평균 노동시간은 1,976시간이며, 시간당 평균 25대의 차량을 검사한다고 가정하자. 만약 전자인간이 동등 또는 그 이상의 정확성을 가지고, 연간 2배의 노동시

영국의 광산업, 로버트 헌트(Robert Hunt), 1884년, Wikimedia Commons, Public Domain

간(3,952시간) 동안 시간당 최소 3배(75대)의 차량을 작업했다면, 이 전자인간의 담세력은 6명의 인간력(HP, Human Power)이다. 즉, 1EPP = 6HP라고 할 수 있다. 여기서 EPP는 전자인간력(Electronic Personhood Power)을 단위로 표시했다. 여기서, 전자인간의 업무 시간을 3교대 중 1교대 시간은 유지보수 점검 시간으로 두고, 공휴일에는 가동하지 않는 것으로 반영하여 연간 2배의 노동시간으로 계산했다.

만약 해당 전자인간에게 기존 숙련공이 부담했던 임금의 10%만 과세하더라도, 기업으로서는 1EPP = 60HP의 생산 혁신 효과를 누리는 것이다. 고용자가 부담하는 인간 노동자의 4대 보험(국민연금, 고용보험, 산재보험, 건강보험) 비용은 전자인간의 책임보험 및 유지보수 비용과 동등 수준의 비용으로 간주해 보더라도 기술 혁신의 효용은 매우 큰 것이다. 제임스 와트에 앞서 토머스 뉴커먼의 증기 기관이 말을 대체하여 광산에서 물을 퍼 올렸을 때, 5마력(HP)의 출력을 내었다고 한다. 산업혁명의 원동력이 된 제임스 와트의 증기 기관 열차는 초기에 10~20마력(HP)의 출력을 발휘했다.

전자인간세를 부여하기 위해서는 우선적으로 인공지능 로봇이 전자인간으로 법인격을 부여할 가치가 발생할 만큼, 목적 범위 내에서 자율성을 가지고 경제적 역할을 수행할 수 있어야 한다. 이 책에서 소개한 바와 같이, AI 에이전트, 완전 자율주행차, 휴머노이드, AI 페르소나 등이 대중에게 가시화될 정도로 확산되는 시점이지 않을까 싶다.

한편 갑작스러운 과세로 기술의 진보와 산업 발전에 사기가 저하되는 것을 경계할 필요는 있다. 또한 중요한 것이 글로벌 눈높이다. 전자인간세를 적용하는 것은 기업이 부담을 갖는다는 부정적 인식과, 글로벌 표준에 합당하다는 긍정적 인식 사이에서 기업경쟁력에 영향을 줄 수 있기 때문이다.

정책에는 상호 논리가 존재하기 때문에 무엇이 옳으냐 또는 유익하냐를 선행적으로 따지는 것은 어려운 일이다. 하지만 전자인간의 시대가 얼마나 유익한지를 확신하기에 앞서 이러한 고민을 해야 할 시점이 도래할 것이라는 점은 충분히 예상할 수 있다.

또한 현대사회에서 법인세를 낮추는 때는 있어도 법인세를 부과하는 것이 경제 성장과 사회발전을 저해하는 것으로 생각하지는 않는다는 점을 상기할 필요가 있다. 인공지능의 발전이 우리의 예상을 훌쩍 넘어서는 혼란의 시대로 이어져서는 안 될 것이다. 우리가 어떤 선택을 하든 인류가 아직 경험해 보지 못한 변혁의 시대가 기다리고 있다. 연착륙할 수 있는 방안을 미리 고민해야 한다.

참고문헌

1. Holton, G. (2013). History of Corporations. Retrieved from GlynHolton.com.
2. 치폴라, M. (2013). 중세 유럽의 상인들: 무법자에서 지식인으로 (김위선 역). 길
3. Micklethwait, J., & Wooldridge, A. (2005). The Company: A Short History of a Revolutionary Idea. Modern Library.
4. Chandler, A. D. Jr. (1977). The Visible Hand: The Managerial Revolution in American Business. Harvard University Press.
5. 박상범. (2023). 기업과 사회. 탑북스.
6. Waymo. (2020, Oct. 8). Waymo is opening its fully driverless service to the general public in Phoenix. Waymo Official Blog.
7. Waymo. (2024, June 6). Waymo One is now open to everyone in San Francisco. Waymo Official Blog.
8. Waymo. (2024, Nov. 12). Waymo One is now open to all in Los Angeles. Waymo Official Blog.
9. Pony.ai. (2023, April 25). Pony.ai is First to Receive Permit to Provide Public-Facing, Fully Driverless Robotaxi Service in Guangzhou. Business Wire.
10. Gabriella. (2024, July 5). Pony.ai permitted for unmanned Robotaxi service in Shanghai. Gasgoo.
11. 서울특별시. (2024. Nov. 25). 새벽 출근길 돕는 '자율주행버스' 나왔다! 무료 운행: 내 손안에 서울. 미디어허브
12. 강일. (2024. Dec. 27). 충청권 광역 자율주행버스 A4노선 신규 운영. 아이뉴스24.
13. Waymo. (2021, August 24). How we've built the World's Most Experienced Urban Driver. Waymo Official Blog.
14. S&P Global. (2024, August). Mainland China autonomous vehicle development on a different track
15. Korosec, K. (2025, Feb 27). Waymo has doubled its weekly robotaxi rides in less than a year. TechCrunch.

16. Shepardson, D. (2024, Jan. 26). How GM's Cruise robotaxi tech failures led it to drag pedestrian 20 feet. Reuters.
17. Shepardson, D. (2024, June 13). Waymo recalls 672 self-driving vehicles after Arizona collision. Reuters.
18. Joseph, J. (2025, April 17). LAPD Secures Footage From Waymo Robotaxi to Help Solve Hit-and-Run Case. PCMag.
19. DiMarco | Araujo | Montevideo. (2025). Waymo Accidents | NHTSA Crash Statistics [Updated 2025].
20. Kusano, K. D., Scanlon, J. M., Chen, Y. H., McMurry, T. L., Chen, R., Gode, T., & Victor, T. (2024). Comparison of Waymo Rider-Only Crash Data to Human Benchmarks at 7.1 Million Miles. Traffic Injury Prevention, 25(sup1), 1–8.
21. U.S. Department of Justice. (2014, March 19). Justice Department Announces Criminal Charge Against Toyota Motor Corporation and Deferred Prosecution Agreement with $1.2 Billion Financial Penalty.
22. U.S. Department of Justice. (2015, Sept. 17). Manhattan U.S. Attorney Announces Criminal Charges Against General Motors and Deferred Prosecution Agreement with $900 Million Forfeiture.
23. Hagens Berman Sobol Shapiro LLP. (2021). Hyundai / Kia Engine Fire Hazard Class-Action Settlement.
24. CNN Business. (2021, Oct. 12). LG to pay GM $1.9 billion to cover cost of Bolt recall for battery fires. CNN.
25. Hagens Berman Sobol Shapiro LLP. (2023). FCA Jeep Monostable Gear Shifter Defect Class-Action Lawsuit.
26. Hern, A. (2017, Jan. 12). Give robots 'personhood' status, EU committee argues. The Guardian.
27. European Parliament. (2017, Feb. 16). European Parliament resolution of 16 February 2017 with recommendations to the Commission on Civil Law Rules on Robotics (2015/2103(INL)).
28. Vincent, J. (2017, Jan. 19). Giving robots 'personhood' is actually about making corporations accountable. The Verge.
29. Shepardson, D. (2025, March 18). Automakers, tech industry urge Trump to speed self-driving car deployment. Reuters.
30. Ashraf, A. (2024, Feb. 2). Elon Musk criticizes labeling over-the-air fixes as 'recalls' for Tesla vehicles: 'By that anachronistic standard, phones are being recalled every few weeks'. Benzinga.

31. Wolfe, J. (2024, Sept. 5). California shares draft regulations for heavy-duty autonomous vehicle permitting, deployment. FleetOwner.
32. Monk, C. (2024, August 29). Can over-the-air updates help improve vehicle recall compliance? Exponent.
33. 대한민국 민법. (1958), 국가법령정보센터.
34. 김준호. (2025). 민법강의 (제31판). 법문사.
35. 이재영. (2023) 헌법강의 (제18판). 법학사
36. Asimov, I. (2008). I, Robot (Bantam trade pbk. ed.). New York: Bantam Books.
37. Asimov, I. (1985). Robots and Empire. Garden City, NY: Doubleday.
38. 이재영. (2023). 형법강의 (제11판). 법학사
39. Defense Advanced Research Projects Agency. (2014, March 13). The DARPA Grand Challenge: Ten Years Later.
40. Marr, B. (2018, Sept. 21). Key milestones of Waymo - Google's self-driving cars. Forbes.
41. Vaswani, A., Shazeer, N., Parmar, N., Uszkoreit, J., Jones, L., Gomez, A. N., Kaiser & Polosukhin, I. (2017). Attention is all you need. In Advances in Neural Information Processing Systems (Vol. 30, pp. 5998–6008). Curran Associates, Inc.
42. OpenAI. (2023, March 14). GPT-4 Technical Report.
43. GDPR. (2018). General Data Protection Regulation. Official Journal of the European Union.
44. High-Level Expert Group on Artificial Intelligence. (2019). Ethics guidelines for trustworthy AI. European Commission.
45. European Commission. (2020). White Paper on Artificial Intelligence: A European approach to excellence and trust.
46. European Parliament, & Council of the European Union. (2024). Regulation (EU) 2024/1689 of the European Parliament and of the Council of 13 June 2024 laying down harmonised rules on Artificial Intelligence (AI Act). Official Journal of the European Union, L 1689, 1–45.
47. 법제처. (2024). "인공지능(AI) 관련 국내외 법제동향". 법제소식, 7월호.
48. 밀러, 룰루. (2021). 물고기는 존재하지 않는다. 곰출판.
49. Linnaeus, C. (1758). Systema naturae per regna tria naturae: secundum classes, ordines, genera, species, cum characteribus, differentiis, synonymis, locis (10th ed.). Holmiae: Laurentii Salvii.
50. Reilly, P. R. (2015). Eugenics and involuntary sterilization: 1907–2015.

Annual Review of Genomics and Human Genetics, 16, 351–368.
51. Stern, A. M. (2020, August 29). The US forced sterilization policies that lasted into the 21st century. The Times of Israel.
52. 대한민국 저작권법. (2023). 법률 제12345호. 2023.1.1. 국가법령정보센터.
53. U.S. Copyright Office. (2022). Second request for reconsideration for refusal to register a claim in the work "A Recent Entrance to Paradise". U.S. Copyright Office Review Board.
54. Williams, D., & Curtis, C. M. (2024, September 4). North Carolina musician charged with AI-assisted music streaming fraud. U.S. Department of Justice.
55. Citi Newsroom. (2024, September). Michael Smith's $10M streaming fraud exposed: A groundbreaking case in music manipulation. Citi Newsroom.
56. U.S. Code. (n.d.). 18 U.S. Code § 1956 - Laundering of monetary instruments. Cornell Law School Legal Information Institute.
57. U.S. Code. (n.d.). 18 U.S. Code § 1343 - Fraud by wire, radio, or television. Cornell Law School Legal Information Institute.
58. Lewis Silkin. (2024, December 17). AI hits a sour note in US streaming fraud lawsuit.
59. U.S. Constitution. (n.d.). Article I, Section 8, Clause 8. Constitution Annotated.
60. Bae, J. (2014).Patent applications and the America Invents Act: How genre mediates social actions and ideological goals. [Master's thesis, George Mason University].
61. Thomson Reuters Enterprise Centre GmbH v. Ross Intelligence Inc., No. 1:20-cv-00613 (D. Del. 2025).
62. Getty Images (US), Inc. v. Stability AI, Inc., No. 1:23-cv-00135 (D. Del. 2023)
63. Andersen v. Stability AI Ltd., No. 23-cv-00201-WHO (N.D. Cal. 2024)
64. Authors Guild v. OpenAI Inc., No. 1:23-cv-08292 (S.D.N.Y., 2024)
65. The New York Times Company v. Microsoft Corporation, No. 1:23-cv-11195 (S.D.N.Y., 2023).
66. Reuters. (2025, April 1). Ghibli effect: ChatGPT usage hits record after rollout of viral feature.
67. Goonetillake, S. (2025, April 3). Why the AI-generated 'Studio Ghibli' trend is so controversial. ABC News.
68. Marks & Clerk. (2024). Trade mark issues arising from use of Generative AI.
69. Reuters. (2025, April 4). Judge explains order for New York Times in Open

AI copyright case.
70. Goldsmith v. Andy Warhol Foundation for the Visual Arts, Inc. (2023). U.S. Supreme Court case, docket no. 21-869.
71. The New York Times. (2023, Sept. 27). How Hollywood's historic strike ended. The New York Times
72. 특허법. (2024). 제33조. 국가법령정보센터.
73. The Guardian. (2016, March 15). Google's AlphaGo seals 4-1 victory over Go grandmaster Lee Sedol.
74. Lexology. (2023). Confirming AI machines cannot be inventors: The DABUS case. Lexology.
75. KBS 뉴스. (2022. Feb. 1). AI는 발명자 될 수 없다.
76. 특허뉴스. (2022, Oct. 3). 인공지능은 발명자가 될 수 없다.
77. 동아일보. (2024, May 16). 특허청 "1심 이어 2심 법원도 인공지능을 발명자로 불인정".
78. 특허청. (2021). 2020년 IP 통계보고서.
79. Boiko, D. A., MacKnight, R., Kline, B., & Gomes, G. (2023). Autonomous chemical research with large language models. Nature, 624(7997), 570–578.
80. Ren, Z., Zhang, Z., Tian, Y., & Li, J. (2023). CRESt: Copilot for Real-world Experimental Scientist. ChemRxiv.
81. 한국과학기술연구원. (2024). 맞춤형 나노소재 스스로 개발하는 스마트 연구실 등장. KIST 최신연구성과.
82. MarqVision. (2021). MarqVision launches first-of-its-kind solution to monitor and identify NFTs that infringe on IP rights.
83. Clarivate. (2024). Clarivate launches AI-enhanced solution to accelerate trademark watching.
84. Rakuten Group. (2024). Rakuten Rakuma launches service to eliminate counterfeit goods.
85. 대한민국. (2024). 상표법. 국가법령정보센터.
86. 세계일보. (2025, April 14). 사람 대신 판단·의사결정… 'AI 에이전트'의 시대가 온다.
87. NVIDIA. (2025, March 18). NVIDIA Blackwell Ultra AI Factory Platform Paves Way for Age of AI Reasoning. NVIDIA Newsroom.
88. Qualcomm. (2025, February 8). AI disruption is driving innovation in on-device inference.
89. Business Insider. (2025, March 7). Broadcom just proved Nvidia will be looking over its shoulder for a while longer.
90. 석대건. (2025, March 5). 생존과 도약 사이 'K-AI 반도체' 스타트업… 엇갈린 행보

눈길. 디지털투데이.

91. Robotics 24/7 Staff. (2024, December 9). Autodiscovery releases HAND16 humanoid robotic hand for dexterous manipulation. Robotics 24/7.
92. Grepow. (2024). Humanoid Robots Battery Types, Trends and Challenges. Grepow Blog.
93. Musk, E. (2025, Feb. 1). Elon Musk unveils massive plans for Tesla's Optimus robots. Electrek.
94. Lara O'Reilly, P. (2024, November 27). Agility Robotics CEO tells BI how its humanoid robots are entering the workforce - and getting paid for it, Business Insider
95. Adcock, B. (2025, February 3). US firm unveils plan for 100,000-strong humanoid robot army. TechCrunch.
96. 유비텍. (2025, January 7). 유비텍, 휴머노이드 로봇 '워커 S1' 2분기부터 대량 납품한다. ZDNet Korea
97. 이정현. (2024, August 20). 2천만 원대 中 휴머노이드 로봇, 양산 모델 공개됐다. ZDNet Korea.
98. 두봇. (2025, March 12). 협동 로봇 선두 기업 두봇, 휴머노이드 로봇 출시. 인포스탁데일리
99. 김병규. (2018, June 28). 日혼다, 인간형로봇 아시모 개발 중단…"더 실용적 로봇에 주력". 연합뉴스.
100. 박병희. (2021, June 29). 소프트뱅크, 지난해 8월부터 인간형 로봇 '페퍼' 생산 중단. 아시아경제.
101. Neura Robotics. (2025, January 15). NEURA Robotics Secures €120 Million in Series B Funding to Propel Cognitive and Humanoid Robotics Vision. Neura Robotics Newsroom.
102. 1X Technologies. (2024, January 11). OpenAI-backed 1X raises $100 million to build next-gen humanoid robots. TechCrunch.
103. Gross, G. (2025, April 8). AI가 이사회 역할 대체할 가능성. CEO들이 동의하는 이유. CIO.
104. 농림축산식품부. (2025). 제3차 동물복지 종합계획(2025~2029). 농림축산식품부.
105. American Pet Products Association. (2025). 2025 State of the Industry Report.
106. FEDIAF. (2024). Statistics.
107. 농림축산식품부. (2024). 국내 반려동물 산업 시장 전망.
108. Market Data Forecast. (2024). Europe Pet Care Market Size, Share,

Growth & Trends, 2033.
109. MarketWatch. (2024, May 31). Losing a pet is heartbreaking. These emotional-support humans can help
110. Jonze, S. (Director). (2013). Her [Film]. Annapurna Pictures.
111. Murphy, S. (2024, September 8). Who gets the dog in the divorce? Now a judge might decide. The Washington Post.
112. Trust Counsel. (2019, October 31). Leona Helmsley and her millionaire dog?
113. Ebeling, A. (2024, Aug. 11). Putting Pets in Your Will Is No Longer Just for Eccentric Billionaires. The Wall Street Journal.
114. 박성호 (2023). 저작권법 (제3판). 서초법률서적.
115. 조희진. (2024). 알기 쉬운 부정경쟁방지법. 교보문고.
116. 이성엽. (2021). 데이터와 법. 박영사.
117. Yonhap News Agency. (2025, April 30). SK Telecom preparing for possible data leak of all 25 million customers: CEO
118. Kadish, S. H., Schulhofer, S. J., & Barkow, R. E. (2021). Criminal law and its processes: Cases and materials (10th ed.). Aspen Publishing.
119. 샌델, M. J. (2010). 정의란 무엇인가 (이창신 역). 김영사.
120. Britnell, R. H. (1989). England and Northern Italy in the early fourteenth century: The economic contrasts. Transactions of the Royal Historical Society, 39, 167–183.
121. Epstein, S. R., & Prak, M. (Eds.). (2008). Guilds, Innovation and the European Economy, 1400–1800. Cambridge University Press.
122. Ogilvie, S. (2011). Institutions and European trade: Merchant guilds, 1000–1800. Cambridge University Press.
123. 이효상. (2024. April 20). '의대 증원' 정부의 뒷걸음질, 출구 찾을까. 경향신문.
124. de Vries-Gao, A. (2025). Artificial intelligence: Supply chain constraints and energy implications. Joule, 9(5), 101961.
125. Wang, Y. (2022, October 4). Will Tesla's humanoid robot "Optimus" really be able to serve people? IDTechEx
126. Korea Power Exchange. (2024). 전력계통 운영실적.
127. Epoch AI. (2025). How much energy does ChatGPT use?
128. 한국수력원자력. (2024). 연도별 발전량.
129. 한국수력원자력. (2024). 2038년까지 새 원전 3기 추가건설. 연합뉴스.
130. 한국전력기술. (2025). SMR(i-SMR, SMART, SFR).
131. World Nuclear Association. (2023). Small Nuclear Power Reactors.

132. 한국에너지경제연구원. (2024). 2024년 상반기 세계 전력 수급 현황(IEA).
133. 한국에너지공단. (2024). 글로벌 에너지 동향 다이제스트: 2024년 세계 에너지 전환 전망.
134. Bhashyam, S. (2023, June 14). Green Hydrogen to Undercut Gray Sibling by End of Decade. BloombergNEF.
135. 이동근, 이스라엘, 배용균, 김영상, 안국영, & 이선엽. (2022). 발전용 연료전지 형식에 따른 균등화 발전비용 분석. Trans. of the Korean Hydrogen and New Energy Society, 33(6), 643–659.
136. Schlissel, D., & Wamsted, D. (2024, May). Small Modular Reactors: Still Too Expensive, Too Slow and Too Risky. Institute for Energy Economics and Financial Analysis (IEEFA).
137. Lazard. (2024, December). Lazard's Levelized Cost of Energy Analysis—Version 17.0. U.S. Department of Energy.
138. Delaney, K. J. (2017, February 20). Bill Gates: This is why we should tax robots. Quartz.
139. 김승현. (2020. Dec. 17). [학회] 국내 저명한 조세학자들의 '로봇세' 도입 생각은? 세정일보.
140. Marshall, A. (1890). Principles of Economics. London: Macmillan.
141. West, D. M. (2023). Navigating the future of work: A case for a robot tax in the age of AI. Brookings Institution.
142. Tokyo Foundation for Policy Research. (2022). Can a Robot Tax Help Narrow the Social Divide?
143. MIT News. (2022). Should we tax robots?
144. Summers, L. H. (2017, March 5). Robots are wealth creators and taxing them is illogical. Financial Times.
145. 유태현. (2018). 4차 산업혁명 등 사회경제 환경변화와 지방세 기반 확충. 춘계학술대회 발표 논문집, 한국지방재정학회.
146. 서정섭. (2024). 4차 산업혁명 시대 로봇세 도입 방안 (정책자료 2024-20). KDI 경제정보센터
147. 홍범교. (2018). 기술발전과 미래의 조세체계: 로봇세를 중심으로. 한국조세재정연구원.
148. 김영규. (2020). 법경제학: 이론과 실제. 박영사.
149. Britannica. Horsepower. In Encyclopedia.

작가 인터뷰

이 책을 집필하게 된 계기는 무엇인가요?

KAIST에서 산학협력중점 교수로 근무하는 동안 4차 산업혁명을 맞이했어요. 인공지능 융합 기술 관련하여 산업체, 스타트업, 연구실에 대한 자문이나 강좌에 참여하면서 자연스럽게 인공지능의 미래에 대한 고민을 많이 하게 됐죠. 예컨대, 자율주행, 생성형 AI와 같은 이머징 기술에 대한 지식재산 보호를 어떻게 해야 하는가에서부터, 이러한 기술이 초래하는 사회 법률적 이슈 – 자율주행 차 사고는 누가 책임져야 하는지, 인공지능이 발명자로 인정받을 수 있는지, 생성형 AI가 저작권을 침해하지 않는지 – 등에 대한 것이었습니다.

이후 미국 로스쿨 클리닉 프로그램에서 학생들을 지도할 기회가 생기면서 인공지능 기술로 인해 사회가 어떻게 변할 수 있고, 어떤 법률이 필요하게 될까 하는 상상을 본격적으로 했습니다. 예를 들면 AI 에이전트 사회가 도래할 때 인공지능에게 계약 당사자 지위가 인정되지 않으면 어떨지에 관한 것들이죠. 반려동물에게도 양육권 분쟁에 관한 법률이 적용되는데, 인공지능은 더 하지 않을까요. 이러한 상상의 산물을 더 많은 사람과 공유하고 싶어서 책을 쓰게 되었습니다.

인공지능의 인격과 의무, 권리를 넘어 '법인' 개념과 관련지어 심층적으로 분석하셨는데요. 변호사로서의 경험이 창작에 미친 영향이 궁금합니다.

공학 박사학위를 마치고 삼성전자에 엔지니어로 취업한 당시에는 일본이 반도체 디스플레이 산업의 패권을 두고 특허 전쟁을 걸어온 시기였습니다. 특허 부서에서 근무하면서 산업 기술과 법률 분쟁 사이를 오가며 젊음을 바쳤죠. 그때 법률에 눈을 뜨게 되었고, 미국 변호사 자격증까지 취득했어요. 이후 KAIST에서 교원으로 근무할 때 존경하는 리더십 교수님들의 지원으로 KAIST가 지향하는 과업 활동들을 폭넓은 스펙트럼으로 맡아서 수행했어요. 과학기술과 법률 그리고 사회에 대한 고민을 자연스럽게 하게 된 계기였고, 그 경험이 이번 책에도 반영되었죠.

공학자이자 법률가, 인문학도로 살아오셨는데, 그중에서도 특별히 '법률'에 집중하게 된 이유는 무엇인가요?

요즘은 과학 기술자의 인사이트가 미디어에서 주류를 형성하는 경향이 있습니다. 고도로 발달한 과학 기술이 일상에 깊게 침투하면서 보편성을 갖게 된 덕분이죠. 교양의 지평이 많이 넓어진 것은 반가운 일이에요. 하지만 과학기술이 초래할 법률적 쟁점에 관한 논의는 많이 부족합니다. 한국은 배심원제를 채택하지 않고 있다 보니까 시민들이 법률에 큰 관심이 없어요. 사법 분야 종사자들은 이미 벌어진 과거의 일을 수습하느라, 입법 분야 종사자들은 현실의 수많은 이슈를 해결하느라 바쁘죠. 법률가들은 마지막에 곪은 종기를 짜내는 것이 업태라고 생각하는 경향이 있어요. 법률이라는 렌즈의 시야각을 너무 좁게 비추고 있는 거예요.

퍼스널 컴퓨터, 인터넷, 이동통신, 스마트폰 기술이 인간의 생각과 행동 양태를 바꾸고 새로운 질서를 만들어 내는 시대이고, 이제부터는 인공지능 기술로 말미암아 그간의 혁신을 훌쩍 뛰어넘는 혁명의 시대로 진입하게 될 거예요. 새로운 시대에는 새로운 법률적 논의가 필요합니다. 현실에 기반한 법률을 토대로 미래를 준비하지 않으면 엄청난 혼돈이 찾아 올 거예요.

인공지능이 인간의 창작과 발명을 대체하는 문제도 다루셨어요. 인공지능이 대체할 수 없는 인간만의 고유한 영역이 있다고 생각하시나요?

인간을 모방할 수 없는 고유한 영역이 있는지에 대한 질문이라면 "없다"가 답일 것 같아요. 그러나, '대체'라는 개념이 들어가면 얘기가 달라집니다. 저는 두 가지 포인트에 주목해요. 첫째는 소위 '가성비'입니다. 시점에 따라 모방의 가성비가 다르기 때문에, 해당 시점에 인간을 대체할 수 있는 범위는 당연히 변합니다. 아마 어느 시점에는 인간이 하는 대부분의 일에 대해 가성비를 만족시킬 겁니다. 두 번째가 중요한데, 바로 '사회적 합의'입니다. 어떤 부분에서는 여러 이유로 가성비를 따르지 않도록 하는 것이죠. 즉, 비용을 고려하지 않고 절대적 기준의 성능을 요구하거나, 때로는 진입 자체를 규제하는 것입니다. 예를 들어, 인간을 대표하는 국회의원은 인간이 해야겠죠. 나아가, 입법, 사법, 행정 등 공공영역의 의사결정자는 인간이 양보하지 않는 게 좋을 겁니다.

한편, '인간만의 고유의 영역'이라는 것을 좀 다른 관점에서 생각해 볼 필요도 있습니다. 전통적인 직역 기준의 잣대를 벗어난 관점 말입니다. 예컨대, 롤 모델은 어떤가요? 멘토링을 할 수 있을지 몰라도, 롤 모델로서 멘토링은 하지 못할 겁니다. 소비자는 어떤가요? 전자부품의 소비자는 될 수 있을지 몰라도 고기와 야채, 음악과 영화의 소비자는 못 될 겁니다.

전자인간이 일상에 스며들게 될수록 인간의 리더십이 중요하다고 강조하셨어요. 전자인간과의 공존을 위해 우리는 무엇을 준비해야 할까요?

우선 인류가 인공지능에게 정복당하지 않아야겠죠. 사회 시스템을 수립하고 유지하는 의사결정자의 역할과 인공 지능을 감독하는 역할을 잃어서는 안 돼요. 둘째, 인간의 존엄성을 지켜야 해요. 인간의 자존심이 짓밟히면 공존을 거부하게 될 테니까요.

20세기 사조의 가장 중요한 주제는 산업화, 도시화, 세계대전, 이념주의, 정보화를 거치면서 발생한 '인간소외'였습니다. 인공지능 시대에는 소외를 뛰어넘어서 '존엄적 가치'를 고민하도록 만드는 도전을 맞닥뜨릴 거예요. 문명의 주체로서 그 옆자리를 내어주는 과정에서 허탈감과 무력감을 느낄 수 있어요. 따라서 이 책에서 예측한 것처럼 인공 지능에게 소정의 법인격을 부여하더라도, 인간이 인공지능을 이끄는 소그룹 리더가 되어야 합니다. 경제 활동이나 창작 모두 인간 명의로 하도록 해야 하고, 아마 그렇게 발전할 가능성이 높다고 예상합니다. 특히 창작은 인간의 고차원적 본성과 관련되어 있기 때문에, 그 주체성을 빼앗기게 되면 상실감이 다른 분야보다 클 거예요. 인간이 인공지능의 명의 뒤에 서게 된다면, 사회적으로 큰 시행착오를 겪게 될 수도 있어요.

전자인간에 대한 뉴스가 종종 나오는데요. 가까운 미래에 사람들을 가장 놀라게 할 경험이나 뉴스는 무엇일까요?

인공지능이나 휴머노이드 로봇에 대한 기사는 꽤 있지만, 사실 이 책에서 말하는 전자인간에 대한 논의나 뉴스는 별로 없어요. 제가 다루는 '전자인간'이란 인간처럼 동작하는 AI 휴머노이드라는 기술적 개념이 아니라 사회 경제적 구성원으로 인정받는 인공지능을 의미하는 법률적 개념이니까요. 이 책의 범위에서 얘기하자면, 인공지능에게 기본권 일부를 인정한다는 뉴스가 가장 놀라운 경험이 될 것 같아요. 예컨대, 에이전트 활동을 통해 경제적 또는 사회적 명예와 신용을 인정받는다든지, 책임재산에 대한 명의를 가지는 것, 그리고 부당하게 압수, 수색, 체포, 구속되지 않을 권리를 가지는 것 등이죠.

전자인간에 대해 많은 생각과 고뇌가 느껴집니다. 작가님이 전자인간에 대해 상상했던 가장 재미있는 아이디어가 있다면요.

막연한 상상은 얼마든지 할 수 있지만, 이 책에서는 근거를 가지고 미래 사회를 예측하고자 했어요. 최근에 중국에서 AI 임신 로봇 상용화에 대한 언론 보도가 흘러나왔는데 이런 것이야말로 막연한 상상이자 낚시하기 위한 가짜 뉴스라고 봅니다. 책에서 제가 나름 근거를 가지고 제시한 재미있는 상상이 있는데요. 바로 인공지능이 인간의 상속을 받는 것입니다. 사람들은 자신이 이 세상을 떠나는 날이 오더라도, 사랑하는 가족들을 위해 행복한 기억과 유산을 남겨주고 싶어 하잖아요. 만약, 가정에서 서비스하는 전자인간이 적절히 업그레이드된다면, 반영구적으로 존재할 수 있을 거예요. 그러면 전자인간을 통해 소중한 무형의 것을 가족에게 물려줄 수 있게 되죠. 그렇기 때문에 상속자는 자신의 유지대로 재원이 지속성 있게 전자인간의 유지 보수를 위해 사용될 수 있도록, 전자인간 명의로 재원을 할당해 줄 필요가 생기게 될 것 같습니다.

전자인간, 소위 로봇이나 AI를 다룬 작품들은 대개 디스토피아적 미래를 그리는 경우가 많은데요. 이에 대한 작가님의 시선이 궁금합니다.

일반적으로 미래를 디스토피아적으로 그리는 이유는 잘못된 미래를 타산지석으로 삼기 위함이에요. 그런데, 디스토피아적 효과를 강조하다 보면 설정이 과도해지거나 본질이 왜곡될 수 있습니다. 역사적으로 볼 때 인류는 혼란이나 일시적인 후퇴가 있을지언정, 끊임없는 회복 탄력성을 보이면서 발전해 왔습니다. 미래의 인류가 디스토피아적이라는 건 낮은 확률의 가정이라고 봐요. 그보다는 좀 더 현실적인 예측을 통해 오늘날 우리가 고민해야 할 부분에 대해 질문을 던져야 하지 않을까요.

과학과 인문, 법과 서사를 한데 모아 통합해 내는 이번 작품을 쓰기까지 영감을 받은 책이나 콘텐츠를 소개해 주신다면요.

수많은 책과 콘텐츠라는 축적된 거인의 어깨 위에서 펜을 들은 것은 부인할 수 없지만, 독창성을 위해 다른 콘텐츠에 영향을 받지 않으려고 했습니다. 대신 다양한 관련 뉴스들이 영감이 되었습니다. 가능한 팩트에 충실하기 위해 참고한 문헌들은 책 끝에 수록했습니다. 추가로 학습하고 싶은 독자분들에게 도움이 되었으면 좋겠습니다.

앞으로 도전하고 싶은 목표나 계획이 있으신가요?

과학기술이 문명사회를 이끄는 시대입니다. 미래 기술을 예측하고, 다가올 산업, 사회, 법률의 변화를 구체적으로 연구하고, 확산하는 일을 하고자 합니다. 호기심 많고, 뜻있는 분들과 인연이 이어지길 기대합니다.

그리고, 이 책의 후속작에 도전해 보려고 합니다. 이번 책은 시사 교양서 개념으로 출발했다가, 독자의 상상력을 돕기 위해 이야기편을 추가했는데요. 다음에는 이후 스토리를 본격적으로 들려드리고 싶어요.

마지막으로 독자들에게 한 말씀 부탁드려요.

전자계산기가 일상화된 지 오래되어도 수학 공부가 필요하고, 챗GPT가 번역을 잘해줘도 언어 학습은 필요합니다. 스트리밍 콘텐츠가 발에 채여도, LLM이 아무리 대답을 잘 해줘도, 책을 읽는 것은 인간에게 매우 소중한 일입니다. 전전두엽과 측두엽이 강화되면 옥시토신, 도파민, 엔도르핀, 노르아드레날린 분비 등 장기적이고 안정적인 보상 회로가 작동된다고 합니다. 즉, 사고력과 정신력이 강해지고, 상승감을 느끼면서 행복해지는 거죠. 좋은 건 해 보면 안다고 하잖아요. 제 글이 그런 효과를 가져다주기를 바랍니다.

작가 홈페이지

전자인간의 탄생

인공지능과 공존의 시대를 열어가기 위한 필수 교양서

발행일 2025년 10월 14일

지은이 배종성
펴낸이 마형민
기획 페스트북 편집부
편집 곽하늘 이은주 김현우
디자인 김안석 표진아
펴낸곳 주식회사 페스트북
홈페이지 festbook.co.kr
편집부 경기도 안양시 동안구 관악대로 488

ⓒ 배종성 2025

ISBN 979-11-6929-915-2 03300
값 18,000원

* 이 책은 저작권법에 의해 보호를 받는 저작물이므로 무단 전재와 무단 복제를 금합니다.
* 페스트북은 작가중심주의를 고수합니다. 누구나 인생의 새로운 챕터를 쓰도록 돕습니다.
  creative@festbook.co.kr로 자신만의 목소리를 보내주세요.